国宝中的历史

陪孩子一起看国宝 ①

中国国家博物馆

徐丽平　王奕鑫●主编

延吉·延边大学出版社

写给家长和小朋友的话

亲爱的家长和小朋友：

我是徐丽平，非常高兴以这样的方式与你们交流。亲爱的小朋友，你知道吗？在我们中华五千年悠久的历史中，有太多的奥秘等着你去探索，比如古人是怎么养蚕制作丝绸，怎么制陶的，等等。那么，我们如何去了解这些有趣的知识呢？

我认为走进博物馆，跟博物馆的国宝来一次面对面的交流，是一个非常好的途径。博物馆里的藏品非常丰富，可以让我们非常直观地了解到国宝背后的故事。我们读懂了国宝，就可以更好地读懂中华文明的历史进程和中华民族的优秀传统文化。

亲爱的小朋友，你是不是已经迫不及待，想要走近这些博物馆的世界了呢？接下来，就请你到这套绘本中去探索博物馆国宝的奥秘吧！希望这套绘本可以让你真正爱上国宝，爱上博物馆，通过对博物馆中国宝的深入了解去发现中华优秀传统文化的魅力！

徐丽平

目 录

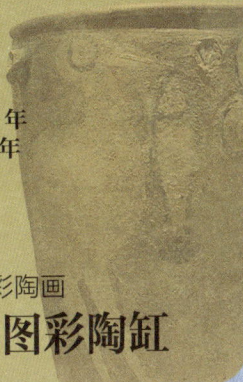

仰韶文化中的彩陶画

鹳鱼石斧图彩陶缸

名称	鹳鱼石斧图彩陶缸
朝代	新石器时代
尺寸	高 47 厘米，口径 32.7 厘米，底径 20.1 厘米
材质	陶
收藏地	中国国家博物馆
功能	葬具

国宝解密

鹳鱼石斧图彩陶缸是一件出土于河南省汝州市阎村的新石器时代葬具。缸的表面绘制了一幅图案：右侧是一把竖立的石斧，上面有孔眼、符号和绳子，都用黑色线条勾勒出来；左侧是一只白色的鹳鸟，它有圆圆的眼睛和尖长的喙，嘴里衔着一条大鲢鱼。这幅图大约是 6000 年前的原始人绘制的，也是中国发现最早的绘画作品之一。这件彩陶缸代表了中国新石器时代美术创作的最高成就。

一起走近古代科技

远古时期就有这么漂亮的图案了吗?

起源于六七千年前中国陶器时代的彩陶艺术令人叹为观止。彩陶是仰韶文化中最具特色的一种陶器,但是彩陶在遗址陶器中不是数量最多的,一般只占10%左右,可见彩陶不是一般的日常用品,而是具有某种特殊功能的器物。

1. 制作陶泥

将沉积土和红土经过粉碎、淘洗,去掉土中的杂质,制作成陶土。如果需要耐火,则会往陶土中掺入适量沙子。在陶土中加入适量水,和成软硬合适的陶泥。

2. 制作陶坯

将陶泥搓成泥条,大器物用泥条盘筑法或分段衔接法,圈叠成陶器粗坯。小器物则直接用手捏塑而成。

3. 修饰陶坯

在粗坯未干之际,不断打磨和修整器皿口部。等陶坯半干后,用陶垫托着内壁,细心地进行拍打,使其密度与光洁度加大。

4. 陶器上彩

上彩之前,先用颗粒较细的陶土加水制成泥浆,涂上一层白色或浅红色的陶衣。然后,使用类似毛笔的工具,蘸上赤铁矿粉在器皿上绘出红色线条,蘸上氧化锰粉画出黑色花纹。

5. 入窑烧制

最后,把陶器放在横穴窑中烧制。温度大概在800~1100℃,烧制时长一般为4~8个小时。

由于当时的窑室封闭得还不够严密,陶土中的氧化铁得以充分氧化,因此成品绝大部分呈红色或红褐色。

仰韶时期，人们不再游牧，开始定居。他们拥有整齐的房屋，房顶为"人"字形。

仰韶时期的人们已经会养蚕了，并会制作丝绸衣服。

在仰韶文化早期，人们的房屋有大小之分，但没有质地之别，没有明显的贫富差别，大家自给自足，平等、有组织地生活在一起。

国宝中的历史

仰韶文化是距今约 7000 年至 5000 年的一个历史时期，持续时间长达 2000 年左右，分布在黄河中游从甘肃省到河南省之间。彩陶是仰韶文化最显著的特征之一。

仰韶文化的经济基础是以粟类作物为主的农业生产，这种农业起源于北方，主要种植粟（小米）、黍（黄米）、稻、豆等作物。这是一种不需要灌溉的旱作农业，采用刀耕火种的轮耕制。随着仰韶文化发展到中晚期，聚落形态发生了变化，聚落越来越大，早期城市开始出现。在仰韶文化晚期，中原地区开始了最早的城市化进程。随着城市的兴起，社会结构和生活方式也发生了变化。在人口集中的早期城市化过程中，出现了许多文明要素，最终促成了二里头早期国家的形成。

到了仰韶文化中晚期，社会开始出现阶级分化。富贵、有权势的人离开普通村落，居住在高等级聚落或城堡内。

仰韶文化晚期，富人们穿着丝绸衣、戴着玉饰，住在宽敞的房屋建筑内。他们家里有不少各种纹饰的彩陶器皿。

仰韶文化中晚期，人们修建城堡时，会用土城墙和环形壕沟进行双重保护。城堡还安排了专人巡视守护。

国宝中的中国文化

《鹳鱼石斧图》生动地记录了一位仰韶文化时期的首领所取得的辉煌战功。他高举着造型考究、做工精细的石斧，率领白鹳氏族同鲢鱼氏族进行了一场殊死搏斗，并最终获得胜利。其中，白鹳是首领所属氏族的图腾，而鲢鱼则是敌对氏族的图腾。与一般用于盛放物品和食品的陶缸不同，鹳鱼石斧图彩陶缸的底部有一个圆孔。这种底部带圆孔的深腹陶缸是仰韶文化时期瓮棺葬具的典型形式之一。

古人事死如事生，要给亡者的灵魂留一个出入口，因此底部要开一个圆孔。在《鹳鱼石斧图》中，白鹳头颈高扬，鹳身用力而微微后仰，鹳眼圆睁，目光炯炯有神。相比之下，鲢鱼的身体僵硬，鱼鳍低垂，鱼眼小而无神，与白鹳形成强烈反差。这幅图是原始绘画艺术之珍品，对研究原始宗教和美术具有重要的参考价值。

中华第一龙

红山文化玉龙

名称	红山文化玉龙
朝代	新石器时代
尺寸	高 26 厘米
材质	岫玉
收藏地	中国国家博物馆
功能	祭祀礼器

国宝解密

红山文化玉龙是一件用岫玉雕刻而成的艺术品，通体呈墨绿色，高 26 厘米，直径 2.3~2.9 厘米。它采用了浮雕、浅浮雕等多种雕刻手法，呈现出蛇身、鹿眼、猪鼻和马鬃的特征，整体形成一个有力的"C"字形，仿佛随时要翱翔而起。玉龙背部中央有一个小孔，可以穿绳悬挂，使龙头和龙尾位于同一水平线上。

这件玉龙是中国发现的第一个关于中华龙的作品，距今超过 5000 年，无足、无爪、无角、无鳞、无鳍，代表了早期中国龙的形象。作为中国文化的重要遗产，红山文化玉龙被誉为"中华第一龙"。

一起走近古代科技

这是古代龙的形象吗？

红山文化玉龙表明了当时琢玉工艺的发展水平。它造型独特，工艺精湛，圆润流畅，生气勃勃。玉龙身上负载的神秘意味，更为它平添一层美感。值得注意的是，玉龙形象带有浓重的幻想色彩，已经显示出成熟龙形的诸多元素。

1. 取材切割

将整块岫玉切割成玉材，确定基本形状。当时的切割工具是牛皮绳或者麻绳。人们将绳子与硬度高于玉石的石英砂（解玉砂的一种）混在一起，然后用绳子紧压在玉料上反复拉动，带动石英砂"锯开"玉料。

2. 加工打磨

对基本定型的玉料进行抛光打磨，使边缘棱角变得圆润光滑。在原始社会，没有专业的打磨工具，只能使用坚硬的石头一点点打磨玉料。

3. 纹饰雕刻

对打磨后的玉料进行雕刻，使之具备更为鲜明的特征。红山文化的线刻又分为阳线与阴线，玉龙的纹饰则采用阴线雕刻，需要用到原始的砣机。

4. 钻孔

红山文化玉龙的最高科技含量在于中间的孔洞。给玉龙钻孔要先敷以潮湿的石英砂，用钻杆在器物边缘钻一小孔，穿入绳子，来回扯动绳子两端进行摩擦，极其耗时耗力。

5. 抛光

人们对玉器表面均进行抛光，使其摸起来更加圆润，看上去更有光泽。当时抛光的工具是动物的毛皮。

红山文化时期，先民住的是半地穴式住宅，房屋地面深入地下半米左右。

他们的肉食主要来自森林打猎，偶尔也会捕捉一些鱼类。

他们已经会修建火塘来保存火种。火塘是在地下挖出的一个长方形的坑，坑的四周抹泥，这样能起到比较好的防火作用。

他们已经成功地驯化了野狗，并开始尝试驯化野猪。

国宝中的历史

红山文化始于约5500年前，延续了2000年，主要分布在东北西部热河地区，即今天的河北北部、辽宁西部和内蒙古东南部的大凌河与西辽河上游地区。

红山文化初期处于母系氏族社会的全盛时期，晚期逐渐向父系氏族过渡。农业是其主要经济形态，但也有牧、渔、猎活动。陶器和玉器的制作以及采铜、冶铜业开始出现，这些分工加速了社会的分化。人们开始拥有私人财富，信仰从自然神和图腾崇拜发展到祖先崇拜，并出现了原始宗教。这一时期的社会结构已经具备了早期国家的基本特征。

红山文化时期的先民生活在以农业经济为主的定居部落，素食主要是种植的粟、黍。

国宝中的中国文化

龙是中华民族的精神符号和文化图腾，代表着吉祥。龙文化是中华民族的精神纽带，中国人引以为傲地自称"龙的传人"。最早的龙形态可追溯到距今约8000年的兴隆洼文化时期，2003年在兴隆洼遗址的一座墓葬中出土了用石头堆砌成的"猪首龙"，其整体造型呈"C"字形，龙首部分则使用了一具猪头骨。红山文化玉龙延续了这种"C"字造型，它让中国人找到了龙的源头，同时也印证了中国玉文化源远流长的历史。值得一提的是，3000多年前的甲骨文中，"龙"字的形态仍然保留了"C"字造型。

新石器时代的黑色珍珠

薄胎黑陶高柄杯

名称	薄胎黑陶高柄杯
朝代	新石器时代
尺寸	高 18.5 厘米，口径 14.5 厘米，足径 6.3 厘米
材质	陶
收藏地	中国国家博物馆
功能	酒器

国宝解密

1975 年，山东省胶县三里河出土了一件龙山文化时期的薄胎黑陶酒器。该酒器经过轮制，杯壁厚度均匀，薄如蛋壳，最薄处仅为 0.2 ～ 0.3 毫米。因此，它也被称为"蛋壳陶"。这件黑陶杯的口沿较浅，杯腹较深，上部装饰有数道弦纹。底部通过一个极短的管状物与圈足相接，圈足上雕刻有三周竖道镂空纹，下端为喇叭形。薄胎黑陶高柄杯是龙山文化的标志性陶器，也是我国古代制陶艺术的巅峰之作。

一起走近古代科技

啊！远古时期就能做出这么薄的陶器！

龙山黑陶种类繁多，造型各异，工艺精湛。龙山人能够根据陶器的功能来配制相应的泥料，能使用拼接技术制造大型陶器。他们发明的陶轮，从慢轮修整到快轮成形，一气呵成。他们还对陶窑进行了改进，并掌握了封窑技术，使制陶工艺有了极大的提高。

1. 泥料准备

用河湖中沉积多年的细泥，经反复淘洗至无杂质。

2. 分段成型

用细泥粉作坯，经过快速旋转的轮制和手工分块制作。

3. 粘合一体

分块衔接做成器皿，接缝处以细泥抹光。

4. 精细雕刻

等器皿半干时，再加工修整磨光。

5. 入窑烧制

装进窑里焙烧，烧制后期将清水倒入窑中使火焰熄灭，封住窑口，令烟雾渗入陶器，使其变成黑色。

到了龙山文化晚期，人们的房子直接建在地上，不再是往地下挖的半穴居式房子。

人们种植粟、水稻、小麦、菽（黄豆），会使用蚌刀、蚌镰、石刀、石镰来收割。

会用石纺轮、骨锥、骨针等纺织工具来制作衣服。

国宝中的历史

龙山文化距今 4000 多年前，属于铜石并用时期。龙山人分布在今山东全省、河南大部分地区、陕西南部与山西西南地区，是仰韶文化的延续。

在龙山文化时期，早期国家已经出现，并有了城墙环绕的中心聚落，也就是都城。此时经济和社会快速发展，阶级分化比较明显并且普遍。

龙山人学会了酿酒，并发明了各种各样的储酒和饮酒器具。而薄如蛋壳的薄胎黑陶高柄杯这种珍贵的盛酒器皿，并非普通人家能够拥有的，一般用作大型祭祀中的礼器，是贵族们权力和身份的象征。

龙山文化时期，图腾文化已经非常成熟，从出土的文物中能发现，当时太阳图腾、鸟图腾等图腾文化已经盛行。

龙山文化时期，人们在牛的肩胛骨、肋骨上面刻字，这些字可能与占卜有关。

当时的人们学会了圈养猪、狗和鸡。

龙山文化时期，人们的陶器制作工艺已经非常成熟。

国宝中的中国文化

　　为什么龙山人喜欢的是颜色单一的黑陶，而不是五颜六色的彩陶呢？

　　根据历史典籍的记载，龙山文化的祖先是生活在黄河下游的东夷部族，长期居住在山东泰山周边地区，崇拜的是玄鸟，即"三足鸟"，是一种有三只脚的黑鸟。为了表达对玄鸟的崇拜和敬意，黑色成为他们崇拜的颜色。因此，在龙山文化时期，黑色的陶器被视为尊贵的象征，龙山文化也因此被称为"黑陶文化"。在龙山文化遗址的出土文物中，还发现了大量以鸟为形象的装饰器物，表明龙山文化时期以鸟为图腾。

迄今发现最早的鸟形酒尊

妇好鸮尊

名称	妇好鸮尊
朝代	商朝
尺寸	高 45.9 厘米，口径 16.4 厘米
材质	青铜器
收藏地	中国国家博物馆
功能	酒器

国宝解密

妇好鸮尊是商朝时期制作的一件青铜器，距今已有3000多年的历史。妇好鸮尊共有两件，一件收藏于河南博物院，一件收藏于中国国家博物馆。收藏于中国国家博物馆的这件高45.9厘米，宽16.4厘米，重16.7千克。整件器物采用写实造型，同时又略带夸张。作为商朝的图腾，鸮（猫头鹰）头顶羽冠，两眼圆瞪，双翅并拢，粗壮的两足与下垂的宽尾构成了三个稳定支撑点。整个器物身上刻有饕餮、云雷、羽毛、蝉等多种图案，这些图案可以单独呈现，也可以互相交织，形成一个有机的整体。

一起走近古代科技

从石器时代到青铜时代，是人类的一大进步。在我国，青铜时代对应夏商周时期。青铜器从夏朝开始使用，到商朝进入鼎盛时期。在通红的炉火与铜水辉映下，璀璨的青铜器被先民们锻造出来。而妇好鸮尊，是商朝晚期的作品，这一时期的青铜器不仅数量多、器型丰富，其制作也非常精良。

1. 塑模

用淘洗过的泥土，按照设计意图制成完整的模型（母型），并绘制和雕刻出装饰花纹。需要凸出来的部分另外用泥巴贴在泥模上，需要凹下去的部分直接刻出来。

2. 翻范

在模型上紧贴泥片，翻成外范。一个器具往往需要多块外范合成。

3. 制内范

将制外范使用过的泥模，趁湿刮去一层，再用火烤干，制成内范。刮去的泥的厚度就是所铸铜器的厚度。

4. 合范

将内范倒置于底座上，再将外范置于内范外，内外范之间有支撑物留出浇筑空隙。外范合拢后，上面有封闭的范盖，范盖上至少留下一个浇注孔。

5. 浇模

把内外范合在一起并预热，然后将熔化的青铜液由浇注孔注入。

6. 修整打磨

等铜水凝固并冷却后，把泥巴做的内外范打碎，取出青铜器。这时的器物比较粗糙，需要经过工匠们精细的修整打磨才能成为一件精美的青铜器。

妇好是商王武丁的正妻，是尊贵的王后。

妇好也是一位能征善战的将军，率领军队打了很多胜仗。

国宝中的历史

　　妇好是中国历史上第一位有文字记载的女将军，同时也是商王武丁的王后。她身为一名商朝悍将，多次为夫出战，立下赫赫战功，地位尊显。她还是商朝的大祭司。她的名字在现存的甲骨文献中频繁出现，安阳殷墟出土的10000余片甲骨中提到妇好的记载超过200次。

　　妇好去世时年约30岁，在商朝算不上早逝。商王武丁非常悲痛，追谥妇好为"辛"。商朝后人尊称她为"母辛""后母辛"，以示敬意。妇好的墓穴规模巨大，由于她备受武丁器重，因此陪葬品非常丰厚。其中青铜器有400多件，玉器有500多件，还有大量的骨器、陶器、象牙制品等。

妇好还是地位显赫的大祭司，经常受命主持祭天、祭先祖等各类祭典，并担任占卜官。

商王武丁非常宠爱妇好，赏赐了妇好封地。妇好以"诸侯王"的身份管理封地里的百姓，并向商王进贡。妇好死后，商王武丁给她举办了盛大的葬礼，并赏赐了上千件珍贵的陪葬品。

国宝中的中国文化

在古代，每个氏族部落都有其对应的图腾和族群神话，这些图腾往往会衍生出不同氏族部落的文化习俗。

在商朝时期，鸟类被尊为神兽和图腾。《诗经·商颂·玄鸟》诗中写道："天命玄鸟，降而生商。"将"玄鸟"解释为黑色的神鸟。猫头鹰是夜行性动物，行动迅速而无声，就像神兵降世，因此很可能就是传说中的"玄鸟"。

在商朝，许多青铜器上都刻有猫头鹰的图案。然而，自西周开始，猫头鹰被视为不祥之鸟。因为随着周朝推翻商朝的统治，周朝的统治者试图否定商朝文化，以增加自身统治的合法性。

中国历史上最大的青铜器

后母戊鼎

名称	后母戊鼎
朝代	商朝
尺寸	鼎高 133 厘米，口长 110 厘米，口宽 79 厘米，壁厚 6 厘米
材质	青铜
收藏地	中国国家博物馆
功能	礼器

国宝解密

后母戊鼎高 133 厘米，口长 110 厘米，口宽 79 厘米，重达 832.84 千克。此鼎形制威严，腹部呈矩形，每面四边及足部均有饕餮纹；双耳外侧饰双虎噬人首纹，四只脚是空心的。后母戊鼎是中国青铜铸造技术的杰出代表，也是迄今为止世界上出土的最大、最重的青铜礼器，被誉为"镇国之宝"。后母戊鼎是国家一级文物，于 2002 年被列入禁止出国（境）展览文物名单。

太不可思议了，商朝就能造这么大的鼎。

后母戊鼎的铸造，充分说明了商朝后期青铜文化高度发达。鼎的器身与四足为整体铸造，鼎耳则是在鼎身铸成之后再装范浇铸而成的。这个鼎形制巨大，雄伟庄严，工艺精巧；鼎身四周铸有精巧的盘龙纹和饕餮纹，增加了鼎本身的威武凝重之感。

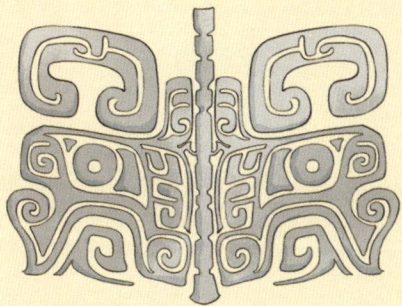

1. 设计

大鼎呈长方形，内壁铸有铭文，鼎身主要饰以饕餮纹饰。四面接合处则饰以扉棱纹，其上刻有牛首和饕餮的形象。

2. 制模

制模，又叫作"范铸法"，工匠们会设计出鼎的造型，采用陶范来制作鼎的模具。先制作一个母范，在母范的基础上制作外范。在外范的基础上制作内范。内范与外范之间会有空腔，形成的空腔就是最终的铸件。

3. 铸件

后母戊鼎需要的铜液至少有一吨，当时的工匠利用大型熔铜炉，当所有熔炉里的铜都熔化时就一起打开出口，铜液就像水一样流入模具内。

4. 打磨修整

等铜液冷却后，除去内外范，再用沙子等打磨修整即可。

商王带领群臣去宗庙，为去世的母亲"戊"举办祭祀典礼。

巫师们在祷祝，希望"戊"能庇佑商王及其子民。

在青铜大鼎里装好各种祭祀用的礼品。

国宝中的历史

在3000多年前，商朝的祖庚或祖甲兄弟中的一人为了祭祀去世的母亲"戊"，铸造了一座巨大的青铜鼎。商王命工匠在鼎身上刻上了三个大字：后母戊。这里的"后母"并不是"后妈"的意思，而是"母后"的意思。

后母戊鼎铸造完成后，商王在宗庙为母亲"戊"举办盛大的祭祀仪式。鼎中祭祀用的牛羊猪肉飘香，巫师们向"戊"进行了祈祷，根据仪式中出现的各种现象向商王传达了"戊"的回应。等到祭祀结束，商王和大臣们一边喝酒，一边分食鼎中的"三牲"。还会让宫廷乐师演奏音乐，舞女跳舞助兴。

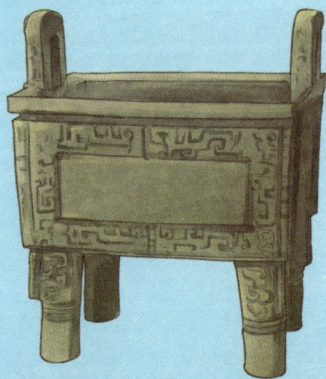

祭祀典礼完成后，商王与大臣一起享用大鼎中的肉食。

商王伏跪在地，接受着通过巫师们与母亲沟通传来的"训示"。

国宝中的中国文化

鼎最初是一种炊具，相当于现代的锅，用于炖煮或盛放鱼肉等。因此，它成为宴会、狩猎等场合必不可少的器具，并在发展过程中逐渐演化为重要的祭祀礼器。随着鼎成为重要的祭祀礼器，它的使用也有了严格的程序和特殊的含义。在西周时期，确切地说应该是从夏商时代开始，鼎就已经被赋予了代表国家政权的象征意义。即便后来列鼎制度废除，这一意义也未曾丧失过。在商周奴隶制社会中，鼎常常被奴隶主贵族用来"别上下，明贵贱"，作为统治权力和等级的标志，只有王室才有权拥有和使用。正因如此，鼎很快演化成为国家的重器，与政治的关系日益密切。因此，才有了春秋战国时期楚庄王"问鼎中原"的典故。

青铜器上的"史诗"

虢季子白青铜盘

名称	虢季子白青铜盘
朝代	西周
尺寸	长 137.2 厘米，宽 86.5 厘米，高 39.5 厘米
材质	青铜
收藏地	中国国家博物馆
功能	盛水器

国宝解密

虢季子白青铜盘是西周晚期的一件青铜器，长 137.2 厘米，宽 86.5 厘米，高 39.5 厘米，重 215.3 公斤。它的形制比较独特，宛若浴缸，四角圆润，饰有窃曲纹和大波浪纹；四面各有两个兽首，口中衔环。盘底铸有八行铭文，共 111 字，记录虢国的子白奉命出战，战功卓著，周王为其设宴庆功，赐予弓马，子白为纪念此事而铸盘。此青铜盘于道光时期在陕西宝鸡虢川司被发掘，现被收藏于中国国家博物馆，是中国首批禁止出境展览的文物之一。

一起走近古代科技

汉字是中华文明不可或缺的一部分，是一种古老但极具生命力的文字。几千年来，汉字传承有序、从未中断，是中华民族的骄傲。虢季子白青铜盘一向被视为西周金文中的绝品。它的金文排列方式与字形处理方式显然有别于其他西周铭文，却与东周后期战国吴楚文存在某种相近的格式。

1. 甲骨文

盛行于殷商后期，文字刻于兽骨、龟甲之上。

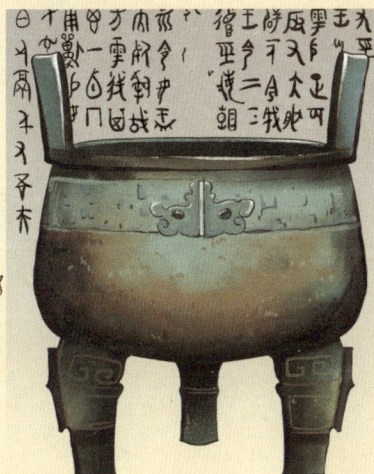

2. 金文

盛行于西周时期，文字一般刻在青铜的钟鼎和石鼓上，所以也叫钟鼎文或石鼓文。

3. 篆书

秦灭六国后，推出篆书作为官方标准文字。

4. 隶书

盛行于两汉，因此也称之为"汉隶"。

5. 楷书

楷书也叫正楷、真书、正书。始于汉末，由隶书逐渐演变而来，更趋简化，横平竖直。楷书通行至现代。

子白将军奉周王之命四处征战，所向披靡。

西周时期，虢国有一位能征善战的子白将军。

国宝中的历史

　　虢季子白青铜盘形状奇特，犹如一个浴缸，四边为圆角，周身均饰有窃曲纹和大波浪纹。每一面都有两个兽头，兽头口中衔环。在盘底的铭文中，记录了虢国子白出战北伐的战功。铭文为金文，大意为："十二年正月某日，虢季子白制作了宝盘。显赫的子白在军事行动中勇武有为，经营着天下四方。他进攻征伐猃狁，到达洛水之北，斩杀了五百个敌人，抓获了五十名俘虏，成为全军的楷模。威武的子白割下敌人的左耳献给了王，王非常赞赏子白的威仪。王为了表彰他的功勋赐予他四马战车，以此来辅佐君王，赐予他朱红色的弓箭和大钺，用来征伐蛮夷。因此，子白制作了这件青铜器，以作纪念，让子孙后代万年使用。"

在洛水之滨，子白与猃狁（xiǎn yǔn）部落展开激战，大获全胜。子白将军班师回朝，周王对他赞不绝口，并给他丰厚的赏赐。

子白将军非常自豪，命人制作青铜器，将大败猃狁并获得周王嘉奖的事情用铭文记录下来，让子子孙孙万年铭记。

国宝中的中国文化

虢季子白盘被认为是西周金文中的绝品。与其他西周铭文相比，它的金文排列方式和字形处理方式明显不同，但与东周后期和战国吴楚文存在某种相似的格式。虢季子白盘的金文非常注重每个字的单独性，线条清丽流畅，而字形则注重疏密避让，有些线条刻意拉长，创造出动荡的空间效果。

111 个文字，每一个字都凸显着独立美：一个字就是一个世界、一个粲然的宇宙，蕴含着千变万化的姿态，被后人称赞为青铜器上的"史诗"。

早在汉代，金文就已不断被发掘，迄今已经发现了约两万篇。这些金文大多颂扬祖先和王侯的功绩，记录重大历史事件，是研究西周、春秋、战国文字的主要资料，也是研究先秦历史的珍贵文献。

调兵遣将的信物
阳陵虎符

名称	阳陵虎符
朝代	秦朝
尺寸	长 8.9 厘米，宽 2.1 厘米，高 3.4 厘米
材质	青铜
收藏地	中国国家博物馆
功能	军事信物

国宝解密

　　阳陵虎符是秦朝的一种兵符，其外形呈虎形，有平头和翘尾，因此得名"虎符"。阳陵虎符背面刻有铭文："甲兵之符，右在皇帝，左在阳陵。"分为左右两半，各自的铭文完全相同。右边的一块用于朝堂上，左边的一块发给将军或地方官员，用于传达军令和征调军队。当使臣持右半符到达驻军将帅处时，双方须出示虎符，然后将两块合在一起以验证真伪，以防止有人"假传圣旨"。阳陵虎符是秦始皇统一天下后，由阳陵镇守将所使用的铜制兵符。

　　阳陵虎符是郭沫若先生在重庆偶然从地摊上得到的，现收藏于中国国家博物馆。

一起走近古代科技

有它就能调兵遣将了？

战国末年，群雄四起，诸侯争霸。秦始皇一统天下，完成了旷古烁今之壮举。秦军讲究协同作战，弩兵、骑兵、步兵、车兵既有专业分工，又互相配合，形成了强大的战斗力。

1. 弩兵

秦军在战役中最核心的武器是弩。弩的射程远、杀伤力大，能够先发制人，给敌人以沉重打击。

2. 步兵

步兵由重步兵和轻步兵组成。重步兵身穿重装铠甲，手持 7 米长矛，进可冲击敌阵，退可拒敌。轻步兵则在方阵陷入混战时，以单兵为单位进行搏杀。

3. 车兵

车兵主要用于平原地带的作战。车上一般有三名士兵，连人带马全部身穿金属铠甲。

4. 骑兵

骑兵身穿短甲，机动灵活，冲击迅猛。可以追击、突围、驰援等，能迅速打乱敌方阵型。

边关告急，皇帝决定派遣大军征讨。

将军接过使臣手里的半边虎符，仔细合符，以便验证虎符与命令的真伪。

使臣手持虎符，前往各地军队。

合符无误，将军火速下令征集人马。

国宝中的历史

虎符是春秋战国时期君王调兵遣将用的信物，通常是用青铜或黄金制成伏虎形状的令牌，被劈为两半，其中左半部分交给将帅，右半部分由君王保管。只有合二为一，持符者才有权调兵遣将。

秦始皇统一天下后，虎符不再是君王和大将的专属，各级将领及其下属也拥有虎符，将领和下级将领形成调兵权一分为二、互相制约的局面。地方官最大限度只能调动50人，超过50人必须"合符"，否则无权调动。当然，如果前线点燃烽火，危急时刻将军也可以不用合符就发兵。

这些虎符都是专符专用，每个地区的军队对应一个虎符，一个虎符也只能调动对应的军队。每个地方的虎符都不相同，就像不同的锁需要不同的钥匙打开一样。

各路人马到齐，将军带着人马前往边关，征讨敌军。

国宝中的中国文化

虎符源自中国古代的凭信制度，也被称为合符制度。阳陵虎符因其错金铭文和使用途径的特殊性，具有非常高的文化价值。

为什么虎符选择伏虎造型呢？因为在古代，虎被认为是百兽之王，象征着勇猛、强壮和战无不胜。人们称赞勇武的武将为虎将，秦始皇的近卫军团被称为"虎贲军"，后世也有"五虎上将"之类的说法。此外，四象神兽中的白虎位于西方，白色主金，金者兵也。以虎作为军事上的象征物，符合"天意"。虎符的使用和象征意义在中国历史上扮演了重要的角色，是值得我们传承和珍藏的文化遗产。

千年前的可爱人偶

击鼓说唱俑

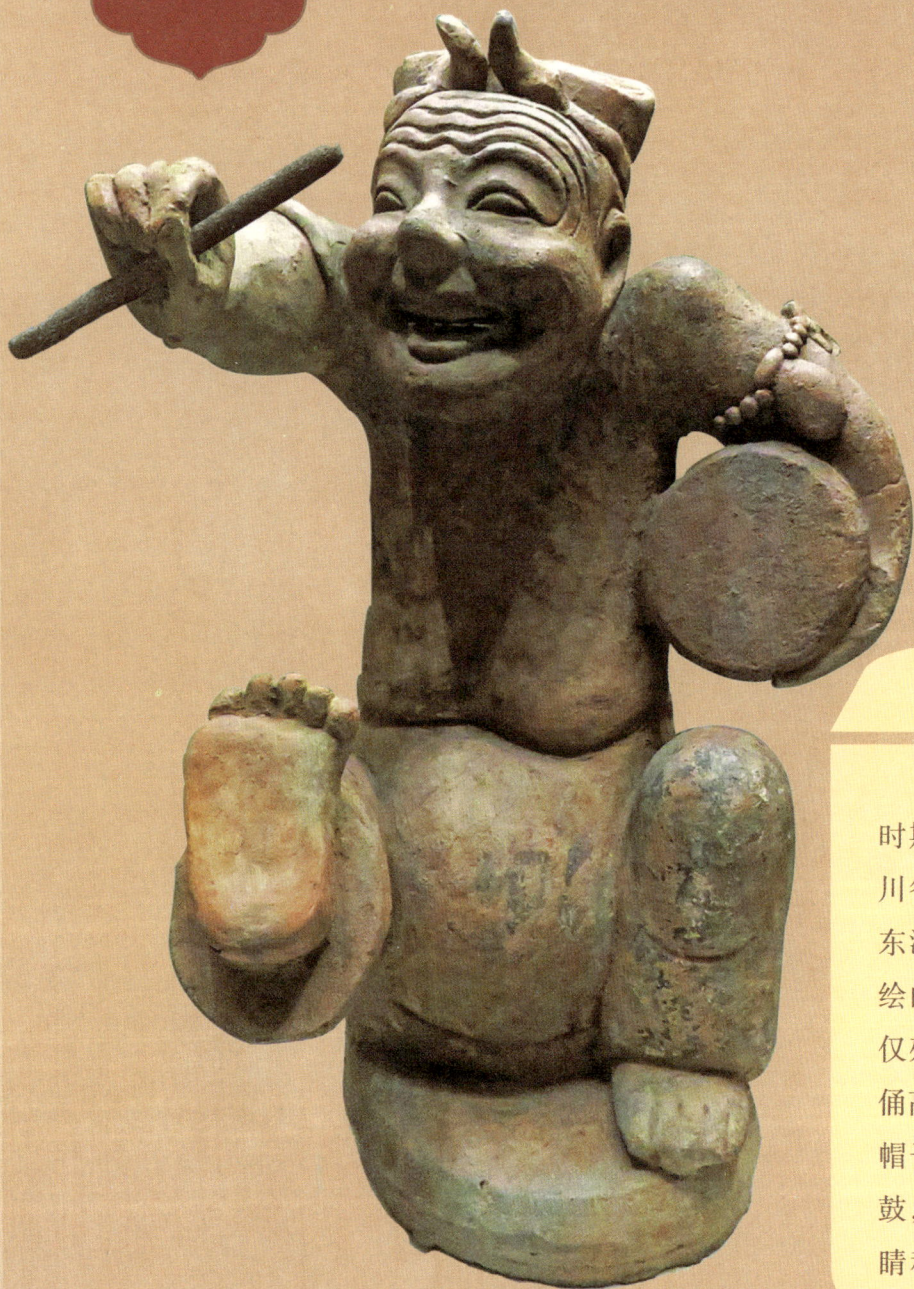

名称	击鼓说唱俑
朝代	东汉
尺寸	高 56 厘米
材质	陶
收藏地	中国国家博物馆
功能	陪葬品

国宝解密

击鼓说唱俑是一件东汉时期的陶制明器，出土于四川省成都市新都区天回山的东汉崖墓。这件俑原来是彩绘的，在出土时彩绘脱落，仅残存白粉及褐色土痕。陶俑高 56 厘米，是一位戴着小帽子的鼓手，左臂环抱一圆鼓，右臂高扬鼓槌，一双眼睛和一张嘴都是弯曲的，鼻子上方有一颗小小的黑痣；高耸的双肩、鼓起的肚子、高高抬起的右腿，动态十足。整个陶俑的造型以夸张、诙谐的方式呈现，额头上的几道深深的沟壑，昭示着岁月的沧桑，是生活在最底层的人们的真实写照。现在，它被中国国家博物馆收藏。

一起走近古代科技

他的样子好可爱啊！

击鼓说唱俑是汉代无名艺术家的杰作，真实还原了东汉的社会面貌。东汉时期国力强盛、经济繁荣，为科技和文化的发展创造了条件。

1. 数学

东汉初年，《九章算术》成书，里面提到了分数、负数以及加减运算法则，是一部杰出的数学著作。

四部丛刊子部
九章算术

2. 科技

蔡伦总结前人经验改进了造纸术，使中国的文字记录方式逐步脱离笨重的竹简。

3. 天象

天文学家张衡参考前人成果，制造出能演示天象的"浑天仪"。

4. 农业

牛耕技术在东汉已普遍采用，大大提升了生产力。

5. 医学

张仲景写出了传世巨著——《伤寒杂病论》。华佗发明了麻沸散，创编出了五禽戏。

汉代的民间艺术非常繁荣，常见的有武术表演，如吞刀、冲狭、角抵戏。

说唱

角抵戏

叠案倒立

吐火

打鼓

鱼龙曼延

杂技在汉代也十分流行，常见的有弄丸、吐火、叠案倒立，非常惊险、刺激。

国宝中的历史

两汉是中国封建社会的第一个盛世时期，从公元前202年刘邦称帝，到公元220年曹丕废帝，历时420余年。汉朝初年，百业衰败，经济濒临崩溃。汉初统治阶级吸取秦王朝迅速灭亡的历史教训，以发展社会经济为指针，采取修养生息的政策，注重农业生产，减少农民的租税。到了汉文帝时，提倡节俭，提倡农耕，免天下农田租税十二年。汉景帝时又将租税减至三十分之一，从而出现以经济鼎盛而闻名于世的"文景之治"。

经济的强盛也使得民间艺术迅速发展。汉代民间极为盛行说唱表演。当时的皇室贵族、豪富大吏蓄养俳优之风甚盛。汉代俳优大致以调谑、滑稽、讽刺的表演为主，并以此来博得观赏者的笑颜。他们往往随侍主人左右作即兴表演，随时供主人取乐。

文景之治

汉代音乐舞蹈普遍用于上层社会的各种宴集，成了财富及身份的象征和生活必不可少的重要内容。

汉代已经出现了驯兽、驯鸟等马戏节目，还有大型"魔术"鱼龙曼延。

歌舞类节目有"盘鼓舞""巾舞""鞞（pí）舞"等，舞者伴随音乐节奏翩翩起舞，美妙绝伦。

国宝中的中国文化

中国古代音乐文化的重要代表之一就是击鼓说唱。作为流行艺术形式，它在传递文化信息、反映社会生活、唤起人们的情感方面功不可没。东汉击鼓说唱俑则是中国音乐文化的珍贵遗产之一，凸显了人们对音乐艺术的热爱和推崇。

汉墓中出土最多的当数乐舞俑，让人们感受到了汉代的盛世之音。乐舞俑歌舞升平，彰显盛世气象，着力于神韵的刻画。说唱俑体态生动多姿，面部表情幽默风趣；舞蹈俑长袖飘拂，含笑起舞。

此外，这些陶俑也展现了中国传统文化对身体表现、娱乐休闲的看重。其生动活泼的形象为人们带来欢乐愉悦的感受，这也体现了古代人们对于人生多彩的需求和与自然和谐共处的文化理念。因此，东汉击鼓说唱俑是中国传统文化的重要艺术遗产，寄托着中国丰富的历史和文化内涵。

古丝绸之路上的驼背乐队

陶骆驼载乐舞三彩俑

名称	陶骆驼载乐舞三彩俑
朝代	唐朝
尺寸	整体高 58.4 厘米，长 43.4 厘米
材质	陶
收藏地	中国国家博物馆
功能	陪葬品

国宝解密

　　陶骆驼载乐舞三彩俑，骆驼头高 48.5 厘米，首尾长 43.4 厘米，舞俑高 25.1 厘米。骆驼身为白釉色，颈部、前腿上部和尾部涂黄色。驼首高扬，驼峰上放置着一条花毯。在骆驼背上，有五个造型精美的胡人乐俑，其中左右两侧各坐着两个，专注地演奏胡乐。左侧一人弹奏琵琶，一人吹觱篥（bì lì），右侧两人击鼓，四人戴着襆（fú）头，身穿翻领半袖大衣，脚蹬皮靴。站在四人中间的是一名胡俑，髯须浓密，眼睛圆睁，穿翻领绿袍，右手前抬，右臂舞袖低垂，嘴正张开，似在合乐而跳舞，并且伴以歌唱。

　　这件三彩俑在形制和色彩上都令人赞叹其制作者精湛的技艺和艺术才华。这件三彩俑于 1957 年出土于陕西省西安市鲜于庭诲墓，现收藏于中国国家博物馆。

一起走近古代科技

这就是"唐三彩"啊!

原始瓷器在商周时期就已经出现了,经历了1500多年,制瓷技术到东汉后期已基本成熟,后经三国两晋南北朝进一步完善,唐朝烧制瓷器的技术已达到炉火纯青的地步。唐三彩造型优美、色彩绚丽,被誉为唐朝社会的"百科全书"。它主要是用黄、绿、白三色釉彩涂胎,故称"唐三彩"。

1. 备料

用优质高岭土经过晾晒、挑选、碾碎、漂洗、沉淀,制成泥料。

2. 成型

较为复杂的器物,如人俑、马、骆驼,需要先雕塑成型,然后制作模具。如果是罐、盘、碗之类的器具,则采用轮制,不用模具,直接在飞轮上手工拉胚。

3. 素烧

将胎体放入窑中,在1100℃左右的温度下煅烧。烧成后的胎体外观是白色的,所以称之为"素坯"。

4. 施釉

将胎体细致打磨后,给相应的部位涂上含有不同金属氧化物的釉。

5. 釉烧

将胎体放入窑中,用精心挑选的干木柴烧至900℃左右。

6. 开相

如果是人物造型,那么还需要开相。先涂上一层白色底粉,再画出眼睛、眉毛、胡须、巾帽,口涂朱红等。

37

国宝中的历史

唐三彩骆驼载乐舞俑出土于陕西省西安市西郊的中堡村，在历史上，这一带属于长安。隋唐时期，长安为首都，也被称为西京，"丝绸之路"就是从这里开始的。在这漫漫长路上，马匹、骆驼是主要的运输工具。因此，大量的唐三彩是以马匹、骆驼为原型的。"丝绸之路"不仅推动了中国的经济繁荣，也为中西文化的融合创造了契机。唐朝的开放，迎来了世界各地的人们，他们带来的各种奇珍异宝，让唐人爱不释手；他们带来的异域音乐和舞蹈，唐人喜闻乐见。能歌善舞的各国艺人在唐朝首都长安这个大舞台上，尽情演绎着对太平盛世的赞美和对美好生活的追求。

丝绸之路沿线基本是沙漠，享有"沙漠之舟"美誉的骆驼，成为丝绸之路上必不可少的交通运输工具。所以，骆驼成为唐三彩中重要的表现形式。

唐朝国家强盛，唐太宗统一了北方和西南少数民族，派专使护送文成公主去西藏和松赞干布和亲，开启了各民族大融合的安定局面，大大促进了中原和边疆的生产发展和经济繁荣。

盛唐时的中国统一强盛、物产丰富，吸引了西域的胡商通过丝绸之路不远万里来到中原。来自西域的特产，诸如瓜果、魔术、音乐、舞蹈、雕塑等都是通过骆驼这一重要的运输载体来到中原的。

国宝中的中国文化

骆驼载乐舞三彩俑是中国古代陶俑艺术的代表作之一，它通过形象逼真、姿态生动的陶俑形象，展现了丰富的中国文化。

在中国传统文化中，骆驼是一种重要的运输动物，它是丝绸之路上商贸交流的重要载体，也是中国古代文化与西方文化交流的桥梁。

陶骆驼载乐舞三彩俑展示了中国古代音乐与舞蹈文化的融合。在这些陶俑形象中，骆驼负载的乐手灵活自如地演奏着各种乐器。这种载乐舞的形式，既体现了音乐文化的重要性，也展示了古代舞蹈艺术的动感美学。骆驼载乐舞三彩俑还反映了中国传统文化对交流互动和文化传承的重视。这些陶俑形象展示了东方与西方文化的交融，彰显了古代中国与世界的联系和交流。

中国的造纸术，在盛唐时也通过丝绸之路传入了大食帝国，不久便经它传入了欧洲各国。

中原的丝绸、瓷器、冶铁技术等也通过丝绸之路传到西亚乃至欧洲。

母仪天下的典雅与奢华

孝端皇后九龙九凤冠

名称	孝端皇后九龙九凤冠
朝代	明朝
尺寸	冠高 27 厘米，冠底直径 23.7 厘米
材质	珍珠、宝石、金
收藏地	中国国家博物馆
功能	冠饰

国宝解密

孝端皇后九龙九凤冠，冠高 27 厘米，冠口 23.7 厘米，重达 2320 克，有天然红宝石 100 多颗，天然珍珠 4000 多颗。凤冠由漆竹编织而成，面料材质为丝绸。冠顶以宝石和串珠组成一组花卉。冠前装饰着九条金龙，口衔用宝石制作的珠滴。珠滴下镶嵌着八只点翠凤凰，也口衔宝石制作的珠滴。在冠的后面，还有一只金色的凤凰，跟前面的凤凰加在一起共九只。金凤凤首朝下，口衔珠滴。在走动的时候，珠滴像步摇那样随步摇晃。这顶凤冠为礼服冠，是皇后在受册、谒庙、朝会等场合佩戴的。

一起走近古代科技

这也太华丽了吧！

孝端皇后九龙九凤冠由北京银作局制造，是一件集中了明朝顶级工艺与材质的宝贝。明朝的金银首饰主要以錾刻、焊接、镶嵌、花丝这四大工艺所合成，这几种工艺结合在一起，使得视觉上的繁复更加冲击人的心灵。

錾刻

90 朵錾刻而成的翠云让金龙腾云驾雾。

镶嵌

凤冠上镶嵌 121 颗天然的红蓝宝石，这些宝石多数是东南亚诸国"朝贡"的，价值连城。

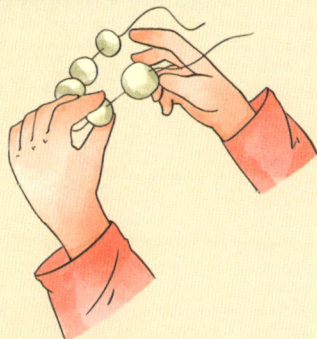

打金

12 条金龙用金丝打造而成，镂空的金龙姿态各异。

打金是一门传统的细致的手艺。孝端皇后九龙九凤冠是由北京银作局制造的，制作时召集了明朝顶级的打金工匠进行打造。

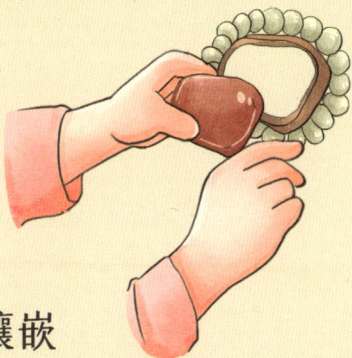

点翠

9 只翠凤用上等的翠鸟羽毛制成。

点翠工艺是中国传统首饰制作工艺。在古代，为了保留羽毛的光泽感，工匠会从活的翠鸟身上直接拔取羽毛。取下的羽毛被镶嵌在金属底托上制成首饰。

穿系

3000 多颗珍珠用金线串联起来，显得珍贵无比。

41

5000 人经过层层筛选，最终成功入宫的只有 300 人。这 300 人又会继续淘汰，最后只剩下三个人，作为皇后的候选人。

万历五年（1577），皇太后陈氏与李氏给 14 周岁的明神宗朱翊钧举办了一场选秀。最终脱颖而出的秀女，将成为皇后。

最后，由明神宗朱翊钧从这三人中选一个，钦定为自己的皇后。落选的两个人一般会被封为贵妃。

国宝中的历史

王喜姐，即孝端皇后（1564—1620），出生于京城。她于13岁被选入宫中，次年被明神宗朱翊钧册立为皇后，死后获得"孝端"谥号。她只生了一个女儿——荣昌公主朱轩媖，在推崇男孩的时代，她没有生下皇子，因此没有得到皇帝的宠爱。但孝端皇后是一个温和的人，不争不抢，所以一直保持皇后的地位长达42年。在此期间，明神宗立朱常洛为太子，但明神宗并不喜欢他，经常责备他。孝端皇后则以各种方式照顾和关心朱常洛，使他多次避免了灾难。但由于明神宗看到了孝端皇后的这种做法，因此对她心生不满。尽管孝端皇后表面上看似风光无限，但实际上她是一个独居空闺的人，并清楚地知道自己所面对的艰辛。

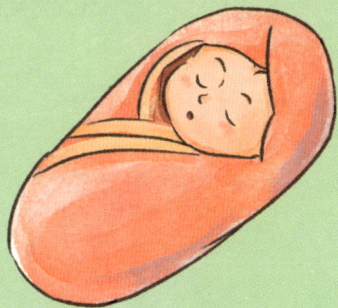

万历六年，14周岁的王喜姐通过层层筛选，与15周岁的明神宗举办了大婚仪式，王喜姐被正式册封为皇后。

国宝中的中国文化

凤，本意是凤鸟，后因凤凰合体，成为凤凰的简称。凤除了被视为一种神鸟以外，也是人们心目中的瑞鸟。古人认为时逢太平盛世，便会有凤凰飞来。

凤冠是中国古代皇帝后妃以及贵族命妇的传统冠饰，其上饰有凤凰样珠宝。明朝凤冠是皇后受册、谒庙、朝会时戴的礼冠，其形制承宋之制而又加以发展和完善，因此更显雍容华贵之美。孝端皇后凤冠的意义，远远超出名贵首饰的范畴。这是一个民族的荣耀，是历代匠人的智慧结晶，也是皇后一生的悲欢所在。

明清时，普通人家女子盛装时所用的彩冠也叫凤冠，一般用在婚礼上。

图书在版编目（CIP）数据

　　陪孩子一起看国宝.1，中国国家博物馆 / 徐丽平，
王奕鑫主编. -- 延吉：延边大学出版社，2023.8
　　ISBN 978-7-230-05430-0

　　Ⅰ.①陪… Ⅱ.①徐… ②王… Ⅲ.①博物馆—历史
文物—中国—少儿读物 Ⅳ.①K87-49

　　中国国家版本馆CIP数据核字（2023）第170659号

陪孩子一起看国宝1·中国国家博物馆

主　　编：徐丽平　王奕鑫
责任编辑：刘　浩
封面设计：玥婷设计
出版发行：延边大学出版社
社　　址：吉林省延吉市公园路 977 号　邮　　编：133002
网　　址：http://www.ydcbs.com　　E-mail：ydcbs@ydcbs.com
电　　话：0433-2732435　　　　　传　　真：0433-2732434
印　　刷：三河市天润建兴印务有限公司
开　　本：787 毫米 × 1092 毫米　1/12
印　　张：4
字　　数：60 千字
版　　次：2023 年 8 月第 1 版
印　　刷：2023 年 10 月第 1 次印刷
书　　号：ISBN 978-7-230-05430-0

定　　价：198.00 元（全四册）

国宝中的历史

陪孩子
一起看国宝 ②

北京故宫博物院

徐丽平　王奕鑫●主编

延吉·延边大学出版社

写给家长和小朋友的话

亲爱的家长和小朋友：

我是徐丽平，非常高兴以这样的方式与你们交流。亲爱的小朋友，你知道吗？在我们中华五千年悠久的历史中，有太多的奥秘等着你去探索，比如古人是怎么养蚕制作丝绸，怎么制陶的，等等。那么，我们如何去了解这些有趣的知识呢？

我认为走进博物馆，跟博物馆的国宝来一次面对面的交流，是一个非常好的途径。博物馆里的藏品非常丰富，可以让我们非常直观地了解到国宝背后的故事。我们读懂了国宝，就可以更好地读懂中华文明的历史进程和中华民族的优秀传统文化。

亲爱的小朋友，你是不是已经迫不及待，想要走近这些博物馆的世界了呢？接下来，就请你到这套绘本中去探索博物馆国宝的奥秘吧！希望这套绘本可以让你真正爱上国宝，爱上博物馆，通过对博物馆中国宝的深入了解去发现中华优秀传统文化的魅力！

徐丽平

目 录

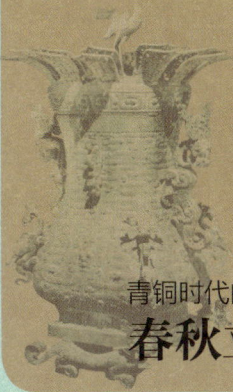
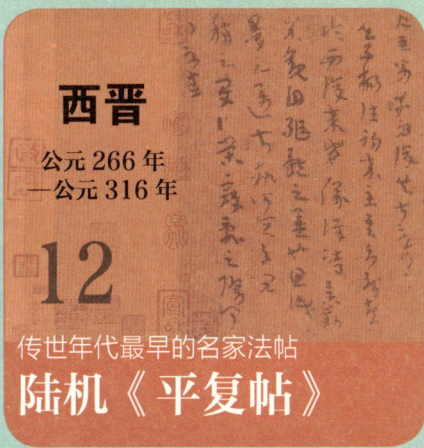

商代早期的青铜之宝

亚酗方尊

名称	亚酗 (xù) 方尊
朝代	商朝
尺寸	高 45.5 厘米，宽 38 厘米，口径 33.6×33.4 厘米，重 21.5 千克
材质	青铜
收藏地	北京故宫博物院、台北故宫博物院
功能	盛酒器、祭祀

国宝解密

在商朝，统治者举行祭祀时，酒器是不可或缺的礼器。亚酗方尊（或酗亚方尊）是商朝晚期铸造的青铜盛酒器，它的尊体呈方形，肩部有四个象首，象首之间有兽头，造型雄伟。它的颈部、腹部、足部都有八条棱，棱的制作突显动感和韵律感。方尊表面雕刻的主要纹饰是兽面纹和夔纹，方尊的内侧有两行铭文，铭文的大意是：亚族祭祀诸位王后和太子的宝器。亚酗方尊是传世较少的方尊青铜器，对研究商朝历史具有重要的史料价值。

一起走近古代科技

商周时期的青铜器制作工艺高超，当时的工匠已经熟练掌握了范铸法（也称模范法）、失蜡法、分铸法、焊接法等铸造技术。亚酰方尊这件在商朝青铜礼器组合中具有代表性的重器，便是采用分铸法浇铸而成的。

1. 分铸焊接法

春秋时期，人们已经使用分铸焊接法。使用此法铸造青铜器物时，先将主体与附件都分开制范，分别铸造；然后采用铅、锡等低熔点金属材料，依据一定的比例，将附件与主体焊接成整体。到了战国时期，分铸焊接法十分盛行。

2. 分铸嵌入法

分铸嵌入法起源于早商时期，盛行于春秋战国时期。使用此法铸造青铜时，先铸造青铜器的附件，然后把铸好的附件放置于主体模上的应附件处，制作主体范时把附件的一部分嵌入主体范内，再浇铸主体，从而形成整体。

3. 分铸铆接法

目前出土的青铜器中，只有战国晚期的部分器物是使用分铸铆接法铸造的。使用此法铸造青铜器时，先将主体与附件都分别制范，分别铸造，然后将附件铆在主体的应附件上。

4. 分铸铸接法

分铸铸接法起源于西周时期。使用此法铸造青铜器时，先分别铸造好主体与附件，然后将附件套入主体的应附件处（主体应附件处预铸孔或钻孔，孔径大于附件的套入端），最后浇铸铜液使附件与主体连接。

5. 分铸铆接式铸法

商周时期的青铜冶炼工艺达到炉火纯青的程度，这一时期的大型青铜器多采用分铸铆接式铸法铸造。使用此法铸造青铜器时，先铸主体后铸附件。即将先铸好的主体的内外拆掉，然后把附件范套在主体应附件处（铸主体时预留有孔或钻孔），由主体内的预留孔浇铸附件。

05

商朝时期，饮酒文化盛行，贵族好饮酒，"尊"作为一种青铜酒器，开始在贵族间流行。

贵族的身份越尊贵，能使用的青铜酒器数量就越多。

西周崇尚礼制，虽然饮酒风气不如商朝盛行，但是在饮酒方面大力倡导"酒礼"与"酒德"，把酒的用途限制在祭祀上，所以"尊"也经常作为祭祀用的礼器。

商周以后，青铜酒器逐渐衰落。漆制酒器、陶制酒器、金银酒器、玉制酒器、玻璃酒器等在之后的各个朝代流行。

国宝中的历史

"共对一尊酒，相看万里人。""当轩对尊酒，四面芙蓉开。""一尊酒，持杯顾影，起舞自相酬。"古代许多与酒相关的诗句都提到了"尊"，是因为它是一种呈酒的器具。如果没有了酒器，要如何饮酒呢？酒器是饮酒必不可少的物品，酒器的规则和大小也颇有讲究。

中国的酒文化历史悠久，酒器也随着酒文化的兴起而不断发展。早在原始时期，我们的祖先便用动物犄角、竹木、陶器等制作酒器。到了商朝时期，饮酒已经成为社会时尚，加上青铜制作工艺高超，于是造型精美、种类繁多的青铜酒器达到前所未有的繁荣。随着时间的推移，唐朝的饮酒之风更是盛行，酒器种类繁多、形式多样，真是让人眼花缭乱啊！

商朝早期至春秋战国时期，中国的酿酒业十分发达，青铜器的制作工艺高超，酒器也达到前所未有的繁荣，酒器种类丰富，样式不一，仅尊就有方尊、象尊、犀尊、牛尊、羊尊、虎尊等样式。

国宝中的中国文化

亚酗方尊上的纹饰主要由兽面纹和夔纹组成。

夔（kuí）纹是一种中国古代传统纹样，它通常用于装饰青铜器和玉器等贵重物品。

夔是中国古代神话中的一条腿的怪物，《山海经》中记载，形状像牛，却没有角，苍灰色的身子，只有一只脚，能够自由地在海水里进出。

夔被认为是中国古代帝王的护卫神兽，具有辟邪驱恶的作用。它常被绘制在帝王的府邸、宫殿以及徽章和旗帜上，代表着帝王的权威和神圣性。夔也被认为是护佑人民的神兽，可以驱除邪恶，保护人们平安。因此，在古代的祭祀和庆典活动中，人们常常使用夔的形象，以祈求福祉，消除灾祸。夔在中国的文化中也被视为勇猛和威猛的象征。它的形象常被用来鼓舞士气，激励人们追求自身的抱负和理想，具有激励人们勇往直前的象征意义。

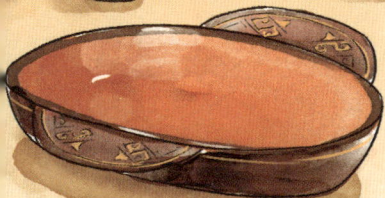

青铜时代的"初发芙蓉"

春秋立鹤方壶

名称	春秋立鹤方壶
朝代	春秋时期
尺寸	高 125.7 厘米，重 64.28 公斤，口长 30.5 厘米，口宽 54 厘米
材质	青铜
收藏地	北京故宫博物院
功能	盛酒器、祭祀

国宝解密

　　这件"东方最美的青铜器"立鹤方壶，是春秋时期青铜工艺的典范之作。

　　立鹤方壶壶身为扁方体，壶的腹部装饰着龙、凤、虎等纹饰；壶体四面还各装饰一只神兽；壶盖呈莲花瓣形，一圈双层莲瓣向四周张开，莲瓣中央有一个可以活动的小盖，上面立着一只昂首振翅的仙鹤，造型灵动精巧，自由舒展。立鹤方壶不仅造型气度不凡，纹饰细腻新颖，而且构思奇巧，铸造精美，堪称"方壶之王"。立鹤方壶精湛的工艺，展现了春秋时期郑国青铜铸造水平在当时独领风骚的一面。

一起走近古代科技

中国是酒文化的发祥地，制酒历史悠久，随着酿酒业的发展，用来盛酒的青铜器皿也盛行起来。殷商时代铸造出来的青铜酒器有大有小，种类繁多，美轮美奂，作用各不相同。各式各样的青铜酒器，展现了古人丰富的想象力、高超的铸造技术与文化传承。

1. 尊

中国古代酒器的通称。敞口，高颈，圈足的盛酒器也称为"尊"。这种酒器上常饰有我们熟悉的动物形象，如大象、犀牛、牛、羊、虎等。

2. 壶

一种盛酒器。它的特点是长颈、大腹、圆足，除装酒外，还能装水。古时候，人们犒劳军队时，多用这种酒器盛酒或水，所以有成语"箪食壶浆"。

3. 觚（gū）

这是盛行于商朝和西周的一种酒器。它的特点是口呈喇叭形，细腰，高足，腹部和足部各有四条棱角，可容纳 3 升酒（一说是 2 升）。

4. 觥（gōng）

一种长方圈足，有盖的盛酒、饮酒器具。它像一只横放的牛角，多为兽形。古人饮宴时，常用觥来罚酒。

5. 角

流行于夏商周时期的一种口呈两尖角形的饮酒器。其实，角一开始是盛酒器，后来发展为饮酒器。早期的角为细腰、平底、圆足有圆孔，宽把手。后来，角的口部变为前后两只尖角形，前角略高，后角稍低，下有一个带附饰的筒形流，宜酌而不宜吸饮。

6. 瓿（bù）

一种流行于春秋战国时期的盛酒器。它的特点是带盖，短颈，圆肩，近平底，有高直圈足。

7. 彝（yí）

青铜礼器的通称。古代祭祀神灵和祖先时，常用彝做盛酒器。

古人用青铜器制成盛放黍、稷、稻、粱等熟食的器具，代表器具有簋、盂、盨、豆、簠五种。

马车是古代十分重要的交通运输工具，中国在周朝时期已出现用青铜铸造的马车。

在古代，鬲、甗、敦、釜、锜、甑等都是古人用来烹煮食物的炊具。

夏禹铸造九鼎后，鼎就从炊具演变为传国重器，代表至高无上的权力。青铜器也由原来烹煮、盛放东西的器具变成了权力的象征。

国宝中的历史

中国的青铜器，有着悠久的历史。青铜器的发展是人类文明社会的象征之一。早在夏朝，中国就进入了青铜时代，青铜器的种类逐步丰富，造型技术已经达到熟练水平。商朝早、中期，青铜文化逐渐发展，酒器和兵器种类也逐步增加，制作的技术和工艺为日后的青铜文化发展奠定了基础。

商朝晚期至西周早期，青铜器铸造的工艺达到巅峰，目前我们看到的青铜重器大多是这个时期的，如我们最为熟知的后母戊鼎（原称"司母戊鼎"）、亚酗方尊等。同时，青铜器根据形态、装饰等，具有不同的用途，主要分为礼器、兵器、乐器、食器、酒器、水器等。其中，礼器的纹饰最为精美。青铜器为礼乐制度的发展奠定了基础。

中国古代兵器制作技艺高超，商周时期的兵器多用青铜铸造。

中国的乐器制作历史悠久。早在西周时期，中国便能用青铜制作各种各样的乐器了。其中，编钟是贵族举办宴会、祭祀时专用的乐器。它的声音清脆明亮，悠扬动听。

周朝对身份地位有严格划分，为了强调地位的尊卑，不同阶层的人用的青铜器数量也不一样。为此，周朝还专门制定了制度，如天子用九鼎八簋，诸侯用七鼎六簋，卿大夫用五鼎四簋等。各种青铜酒器也大量出现。

国宝中的中国文化

纹饰是中国古代青铜器的重要元素，其在不同时期的青铜器上呈现不同的文化背景和社会特征。同时，青铜器代表了中国古代的繁荣和创造力，是中华文明不可或缺的组成部分。

古代青铜器上刻有大量神秘而精美的纹饰，涵盖了各种动物和植物形态，包括夔纹、兽面纹、龙纹、凤鸟纹和回纹等，有的简约古朴，有的繁复华丽。其中，夔纹是蛇和龙的融合形态，盛行于商周时期；兽面纹则使用夸张和抽象的艺术手法结合了虫、鱼、鸟等多种动物的特征，展现出神秘威严的艺术特点。这些纹饰变化丰富，所表达的意义也各不相同。例如，凤鸟纹是图腾，饕餮纹代表着鬼神，龙纹和夔纹则代表着先祖。

传世年代最早的名家法帖

陆机《平复帖》

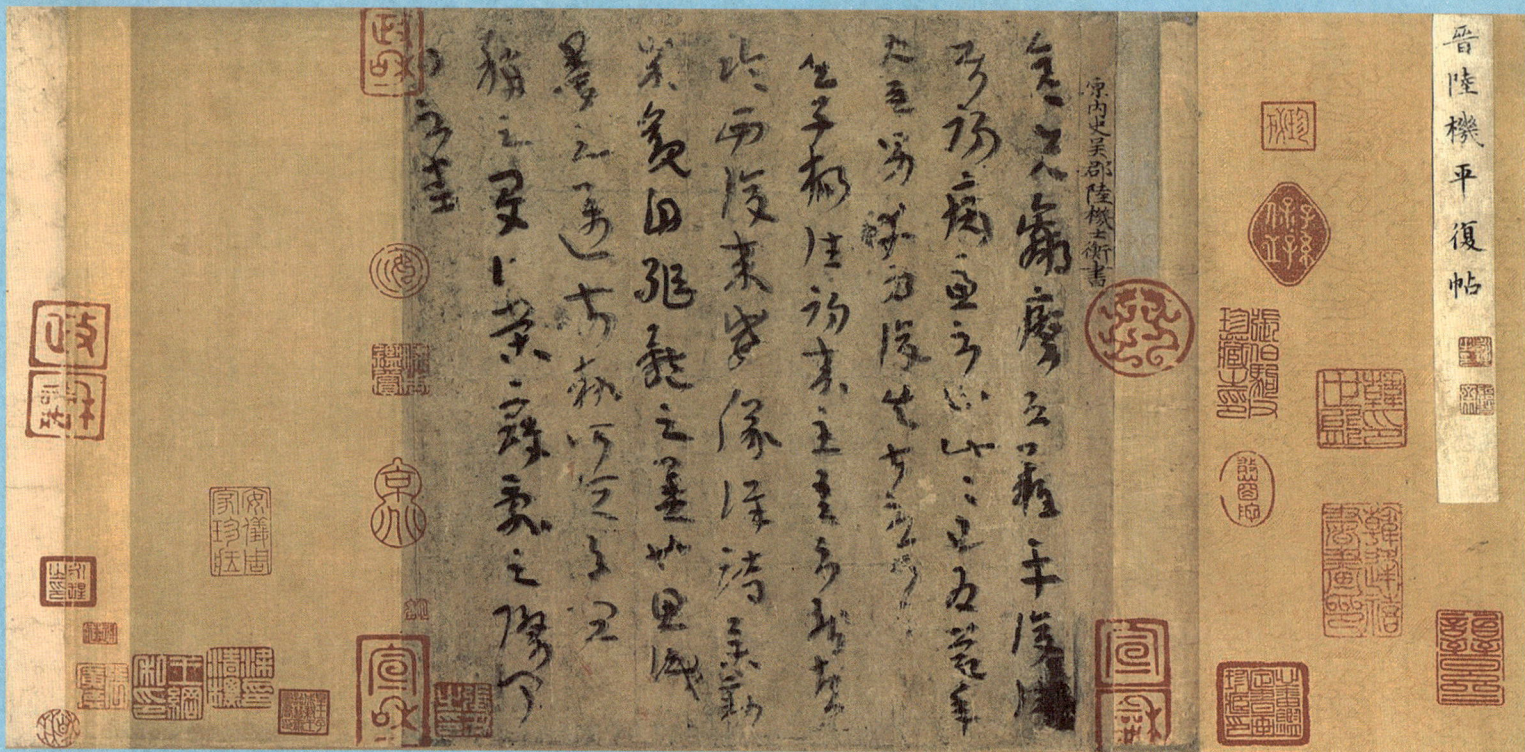

名称	《平复帖》
朝代	西晋时期
尺寸	纵 23.7 厘米，横 20.6 厘米
材质	草隶书法作品
收藏地	北京故宫博物院
功能	信札

国宝解密

魏晋时期是书法技法的集大成期。《平复帖》是西晋著名文学家、书法家陆机的书法作品，共9行84字，牙色麻纸本墨迹，其字体为草隶书，书写年代距今有 1700 余年。

作品字体自由率性，笔意婉转，风格高雅清新，字里行间透露着作者的儒雅和睿智。《平复帖》是中国古代现存最早的书法作品真迹，因其有"恐难平复"的字样而得名。它在中国书法史上有重要的历史价值，有"法帖之祖"之称。

一起走近古代科技

《平复帖》的诞生可以看出西晋是中国历史上的一个转型时期，社会的大变革也影响着书法的"自觉"。书法艺术的兴起使文房中的物品，尤其是"文房四宝"，更加受文人雅士推崇。因此，它们从功能到造型都得到了很大的改变。"文房四宝"这些中国特色物品的发展，意味着中国书法、绘画艺术迎来了一个全新的历史时期。

1. 笔

即毛笔，是用兔、羊、黄鼠狼等动物的毛结合竹管做成的。这是中国古代的独具特色的书写、绘画工具。

2. 墨

墨是用于书写、绘画的黑色颜料，用煤烟、松烟、胶等，烧制模压而成。按其用途可分为御墨、贡墨、自制墨、珍玩墨、礼品墨、药墨等种类。

3. 纸

纸是中国古代四大发明之一，中国古代纸的品种十分丰富，但书法一般用宣纸，因为它的质地柔韧、光洁如玉、色泽耐久、不蛀不腐，是题字作画用的独特的手工纸，被誉为"国宝"，有"纸寿千年"的美誉。

4. 砚

俗称砚台，是书写、绘画研磨色料的工具，多用石做成。洮砚、端砚、歙砚和澄泥砚被称为"四大名砚"。

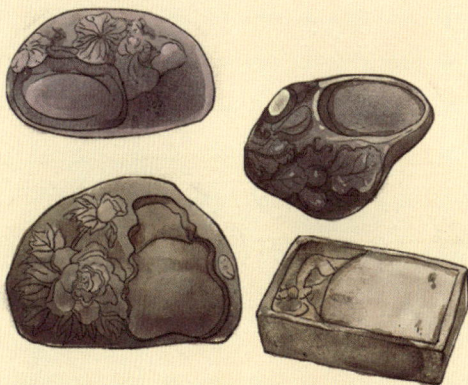

5. 笔洗

一种用瓷、玉、玛瑙、珐琅、象牙和犀角等材料做成的文房用具，主要功能是盛水洗笔。由于其形制乖巧、种类繁多、雅致精美，广受文人雅士青睐。

6. 镇纸

又称镇尺、压尺，多为长方条形。中国古代书画家所使用的镇纸材质多种多样，有青铜、玉、石、木等，上面还雕刻着诗句、图案，雕工精良，美观又实用。

魏晋南北朝是书法艺术大放光彩的时期，是中国书法最为辉煌灿烂的时期。此时的书法全面自觉地发展，彻底完成了汉字的书体演变（篆、隶、楷、行、草已五体皆备），为书法艺术的进一步飞跃发展奠定了基础。

钟繇在书法上颇有造诣，擅长工篆、隶、行、草，尤以楷书擅名。

传世最早的名人墨迹，就是陆机的《平复帖》。此帖秃笔干墨，为隶变草之初，虽为章草，已见今草端倪。

国宝中的历史

在纸发明以前，书写的载体有甲骨、竹简和帛等，这些载体要么十分笨重，不易携带，要么非常昂贵，无法广泛使用，以至于书法艺术发展不成熟。这也是汉朝以前很少有书法大家的原因。

到了东汉时期，蔡伦改进了造纸工艺，使纸逐渐推广开来，成为人们广泛使用的书写材料。书写载体的变革，让人们有条件去追求书法的美感，并使书法成为供人们欣赏的艺术。

到了晋代，朝廷专门设置书博士，教学生学习书法。正因如此，晋代涌现出一大批书法名家。如将书法艺术提高到新阶段的王羲之，就是东晋著名的书法家。

卫瓘与索靖被称为西晋"二妙"，卫瓘的《顿首州民帖》是留存于世的唯一书迹。

卫瓘的后人卫铄是卫氏家族中最有名的书法家，时人都称她"卫夫人"。卫夫人师承钟繇，王羲之曾拜她为师，学习书法。

晋代书法中的楷书、行草经王羲之、王献之之手，达到了新的境界。王羲之是中国历史上影响最大的书法家，被后人奉为"书圣"。

国宝中的中国文化

《平复帖》是陆机写给生病的朋友的信札，表达自己的关心和问候。它雅致淳朴、高古温厚，在书法艺术中独具特色。

中国的信札不仅是一种书信形式，更代表着中华文化的一个重要方面。它既传递了人与人之间的情感，也展现了政治、文化和社会发展等方面的情况。中国信札文化也展现了古代文人雅士的文学才华。

许多文人在信札中运用诗词和散文来表达自己的情感和态度。他们在书信中展现了自己的人格魅力和文学才华，把信札变成了一种艺术品。

中国信札文化是中国传统文化的重要组成部分，展现了人际交往、礼仪、文学艺术等多方面的文化价值。

宋代仿古玉器的典范

青玉云龙纹炉

名称	青玉云龙纹炉
朝代	宋朝
尺寸	高 7.9 厘米，口径 12.8 厘米
材质	青玉
收藏地	北京故宫博物院
功能	庙器

国宝解密

宋朝时，随着金石学的兴起及玉器交易的繁盛，一种以古代玉器为蓝本进行模仿的古器——仿古青铜器玉器（简称"仿古玉器"）诞生了。

青玉云龙纹炉以青铜簋作为摹本精雕细琢而成，在纹饰和器型方面有所变化。

它的体形圆，腹大，无颈，双耳兽首，白中泛青色，造型端庄。它的下面部分以"工"字纹为主，上面部分有浮雕龙纹、水纹和祥云。炉内底部还阴刻着乾隆御题的一首七言诗。青玉云龙纹炉是一件极其罕见的玉器珍品。

宋代的玉器太精美了。真的好喜欢啊！

中国古代的玉器制作工艺十分精湛。仿古玉器源于宋代，制作一件精致的仿古玉器难度很大，需要经过一道道复杂又精细的工序。古玉由于长时期埋于地下，受到侵蚀，或长期流传的过程中受到意外伤害，所以不仅颜色会发生变化，而且身上多带伤痕。制作仿古玉器时，玉匠为了达到逼真还原的效果，会采取多种工序，为仿古玉器上色及致残。

1. 选定摹本

仿古玉器是以古代玉器为摹本制作而成的，所以在制作仿古玉器时，首先要选定模仿的蓝本。

2. 挑选玉料

古玉的颜色与玉料的颜色有很大差别，所以挑选玉料有一定的讲究。如制作青玉云龙纹炉时，为了还原青铜簋的色泽，在应选用苍黄、杂色、葱色或有边皮的类似出土玉器的玉材。如果找不到合适的材料，便需采用染色等特殊的技法制出古玉上特有的沁色。

3. 琢玉

先用墨勾勒出摹本的造型轮廓，然后过錾、冲、磨、轧、勾、光等更精密的工序，去掉玉器上无用的部分，并雕刻精美的纹饰。这样，仿古玉器就雕琢好了。

4. 致残

一般古玉器多带伤痕，玉匠在制作仿古玉时，可以通过砣碾钻凿、细砂磨划、敲击等方法使玉器伤残，从而显得古意盎然。

5. 染色

古玉器上不仅带有伤痕，其色泽也会呈现白、青、褐等不同的颜色，玉匠可以采用血浸法、药炼法、油炼法、琥珀烫法等，使其变色。这样制作出来的仿古玉器古朴典雅，斑斓可爱，让人爱不释手。

宋徽宗是中国历史上富有艺术才华的皇帝之一，他精通书法、绘画、音乐等艺术，并取得了很高的成就。

由于统治者的重视，宋代达官显贵与文人士大夫争相收藏古玉，作为陈设或馈赠礼品。

宋徽宗痴迷玉器，尤爱古玉，为此在宫中专门设立了琢玉机构来制作古代玉器，由此开创了一个新的玉器形制——仿古玉器。

宋代玉种类繁多，造型千姿百态，纹饰以云纹、鱼纹、鸟纹、兽面纹、龙纹等为主。

国宝中的历史

"玉之雕琢，则宫廷设有玉院，使作古礼器珍玩之属。"宋代是中国玉文化发展史上的一个重要时期，玉器发展达到了新的高峰。宋人皆爱玉，不仅文人士大夫好收藏玉器，普通百姓也开始赏玩玉器。

宋代的仿古玉器主要表现在器形、纹样和雕刻技法三个方面。器形方面，宋代玉器主要采用夏商周三代的造型，制作了一系列玉炉、鼎、簋、彝等器物。纹样方面，宋代玉器采用了先秦时期的龙纹、凤纹、云纹等传统纹饰。在雕刻技法上，宋代玉器采用了深层立体镂雕制作，为后来元明清三朝的镂雕工艺提供了先例。

宋代仿古玉器的种类也很丰富，包括仿商、周、战国、西汉等多种类型。其中，仿古玉器的结构和琢法更加圆润、精美。尤其是"歧出雕法"，这种技法在弧形、圆形的线条上歧出一些长短一致的短线，因此是鉴别宋代仿古玉器的重要依据。

宋代琢玉行业空前发展，民间出现了规模较大的玉雕市场和专门经营玉器的店铺。

国宝中的中国文化

中国有着悠久的玉文化历史，玉在中国文化中占有重要的地位。从古至今，玉一直被视为吉祥、美好、神秘和珍贵的象征。

在中国，玉被视为天地精华，与五行之中的金、木、水、火、土相对应。玉被认为具有灵性和象征意义，代表了道德、智慧、文化和精神层面的价值。因此，不仅在宗教、祭祀和礼仪等方面发挥了重要作用，还在艺术、文学、哲学和民俗等领域影响深远。

中国古代的玉器制作工艺精湛，早在新石器时代晚期，中国就开始了玉器的制作和使用。到了商朝，玉器已经成为贵族身份和权力的象征。汉代以后，玉器制作工艺更加成熟，玉雕成为一种独特的艺术形式，玉器在宫廷和寺庙中广泛使用。现在，中国的玉文化已经成为世界文化遗产的一部分。

北宋都城东京的风俗长卷
清明上河图

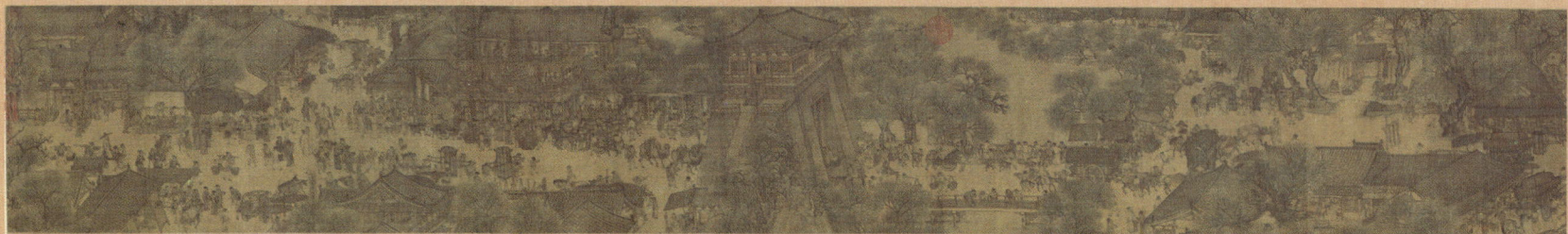

名称	《清明上河图》
朝代	宋朝
尺寸	纵 24.8 厘米，横 528.7 厘米
材质	绢本设色
收藏地	北京故宫博物院
功能	绘画

国宝解密

《清明上河图》是一幅举世闻名的北宋风俗画，记录了北宋京都汴梁（今河南开封）繁华的市井生活和淳朴的风土人情，被誉为"世界绘画史上的杰作"，具有极高的艺术价值。作品描绘的内容非常丰富，画面犹如振奋人心的交响乐，跌宕起伏，一气呵成。整个画卷可以分为三个段落：淡然恬静的城郊春光、车水马龙的汴河场景和繁而有序的城内街市。《清明上河图》是北宋时期汴京经济、政治、文化发展的见证，具有很高的历史和艺术研究价值。

中国画是用中国独有的毛笔、水墨和颜料创作而成的。《清明上河图》历经几千年还能向我们展现它的绚丽，这与它所用的颜料分不开。这可以看出中国古代的颜料制作技术已经相当发达。但你知道吗？这些让画变得五颜六色颜料，是从矿石中提炼的。

1. 采矿

在矿区选择带颜色且杂质少的矿石，如红色的朱砂、绿色的孔雀石、蓝色的蓝铜矿等。

2. 淘洗

用锤子将矿石敲成小块，放入篮子里，然后用清水淘洗，去除表面杂质。

3. 粉碎

将去除杂质的小块矿石放入大铁槽中碾成细粉，然后放入缸内。

4. 水漂

加水搅拌均匀后，放置沉淀，撇去浮在上面的杂质，直到下层颜色干净无杂质。

5. 沉淀

细粉

粗粉

由于矿石细粉并不均匀，所以细腻的位于上层，粗糙的位于下层。将它们分开，即可得到不同质感的矿粉。

6. 干燥成型

下层的颜料为头青，将其晾干，经过分散过筛，即可收入密封良好的容器。其他器皿内的颜料经过晾干、分散、过筛，亦可进行包装。

东京，又称汴梁、汴京，是夏朝、后梁、后晋、后周、北宋、金朝等朝代的都城，有"八朝古都"之称。

北宋时，东京景象繁华，文化生活丰富，是当时世界上著名的大都市。

东京城内商业发达，有各种各样的行业，人们进行着各种商品交易。

国宝中的历史

《清明上河图》是一幅具有极高历史价值的中国传统绘画作品，反映了北宋时期汴京城的繁华景象。

我们从画中可以看到，城市街道宽阔整洁，商贩云集，民众生活丰富多彩，表现出商业的繁荣状况，以及当时社会各个阶层的生活状态。

《清明上河图》还记录了当时的社会制度和文化风貌。从画中可以看到，官员在城门口设立检查关卡，市井百姓生活富足安逸，妇女儿童嬉戏玩耍，还有众多士人在书店门口争

相购买书籍。这些画面反映了北宋时期的官制和文化氛围。

《清明上河图》还记录了当时的技术和生产水平。画中出现的许多工艺品和器物，如瓷器、绸缎、竹编制品等，展示了当时的手工业和商业发展水平。

《清明上河图》为我们了解中国古代城市、社会制度、文化风貌和技术水平提供了珍贵的历史资料。

瓦子内有供各种艺人表演的"勾栏",如说书的、唱曲的、耍杂耍的、表演蹴鞠的,令人眼花缭乱。

东京城内有许多娱乐兼营商业的场所——瓦子。瓦子内热闹非凡,有着各种商铺。

东京没有宵禁,"夜市""早市""鬼市"十分兴盛,人们可以通宵达旦地玩乐。

国宝中的中国文化

《清明上河图》描绘了中国北宋时期汴京城市生活的繁华场景。画中描绘了人们的日常生活场景,如船上的人们祭祀、观赏景色,市场上的商贩和顾客交易,以及人们在庙宇中祈祷等。这些场景展示了人们的习俗、信仰和生活方式。它让我们看到了一千多年前古人的生活场景。

《清明上河图》以"清明"时节为引子,反映了古代老百姓的智慧与生活。它植根于中国传统文化的沃土之中,体现了中华儿女高尚的审美情趣。《清明上河图》不只是一幅作品,也不仅是一种美术形式,还是一种文化符号、一种精神象征、一种时代标志,这在中国乃至世界绘画史上都是独一无二的。

南宋缂丝工艺杰出的代表

沈子蕃缂丝《梅鹊图》轴

名称	沈子蕃缂丝《梅鹊图》轴
朝代	宋朝
尺寸	纵 104 厘米，横 36 厘米
材质	丝
收藏地	北京故宫博物院
功能	丝织工艺品

国宝解密

缂丝是中国传统丝绸艺术中具有欣赏性的织造技艺之一。 这项工艺在唐朝时期与丝织品结合起来，在宋代达到了巅峰水准。《梅鹊图》便是宋代缂丝名匠沈子蕃为数不多的存世作品。

《梅鹊图》描绘了一幅初春的景色。两只栖于花枝繁密的梅树老干上的喜鹊，以及随风摆动的竹叶，让人坠入这幅美景之中。加上"通经断纬"的缂织法，这幅画工艺细腻、画面生动，具有很高的艺术鉴赏价值。

一起走近古代科技

这就是缂丝呀，可比十字绣精美多了。

《梅鹊图》是一幅缂丝织绣作品。"一寸缂丝一寸金"，缂丝因其耗时耗力，古人称其为"织中之圣"，是古代的顶级奢侈品。缂丝工艺复杂，需要经过层层精密的工序才能完成。

1. 落经线

将生丝调到织机后轴上。

2. 牵经线

把生丝经线按需要的根数、尺寸牵出。

3. 上经

包括接经头，拖刷经面，打结，嵌经面，捎紧。

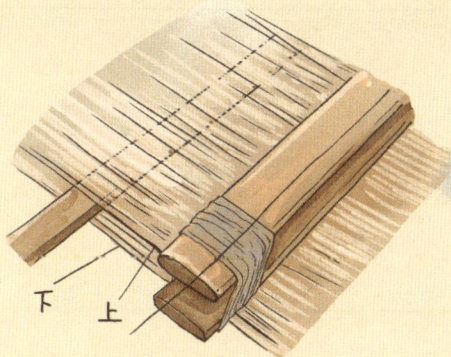

5. 拉经面

在上好的经面上拉几梭纬线，使经面排列均匀。

下　上

7. 缂织

足踏竹棒，控制翻头上下开口，手工穿梭，穿梭后将梭子在纬线上均匀拨压，另一只手将线条轻轻按捺，逐渐放松，使纬线拨压好后交替经面开口穿梭拨压，完成后将作品从织机上剪下。

4. 挑交

把经面上的经丝交替分成为一根上一根下。

6. 上样

用撑样板把图案勾稿托于经丝下面，用蘸墨毛笔依样在经丝上勾画出来。

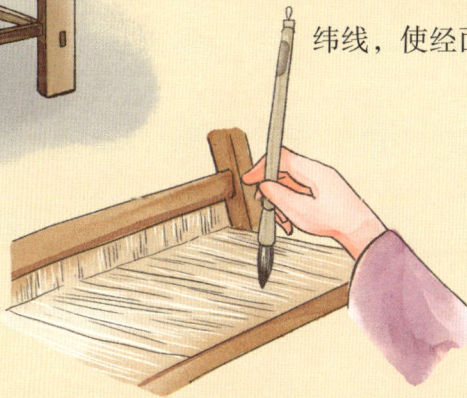

北宋的缂丝虽前承唐朝，但花纹更为精细富丽，纹样结构既对称又富于变化，还创造了"结"的戗色技法。缂丝多用作书画包首或经卷封面。至北宋晚期，受皇帝的趣味和宫廷院画的影响，缂丝从实用和较单纯的装饰领域脱颖而出，转向层次较高的欣赏性艺术品。

南宋时，江南的缂丝生产已有一定规模。缂丝作品大都摹缂名家书画。南宋缂丝名家朱克柔、沈子蕃缂丝技艺的运用与创新，将中国古代缂丝艺术发展推向了第一次高峰。

缂丝历史悠久，早在彩陶土器时期就已存在。唐朝时期，在东西方文化交流的背景下缂丝工艺不断发展和完善。当时的缂丝品多为丝带等实用品。唐朝缂丝的纹样题材一般以简单的几何形花纹为主，色彩主要是平涂的块面，还没有使用晕色匹配，故色彩层次不够丰富，但有的已使用金线做地纹，增强了装饰效果。

元朝，缂丝艺术大量用于寺庙用品和官员的官服上，并开始采用金彩，加之当时是信奉佛教的蒙古人统治中国，他们对金色的喜崇使织物内加金的做法成为风尚，且金彩又多盛行于与佛教有关的挂轴制作。

国宝中的历史

《梅鹊图》运用缂丝的丝织技法，有灵活多变、细腻精微的装饰效果。缂丝艺术虽是以画稿为摹本，但绝对不是单一的照葫芦画瓢，需要具备高超的艺术修养和精湛的工艺技巧。中国的缂丝技艺在宋代达到高峰。在此以前，缂丝用品主要用于日常生活，宋代之后，缂丝转向了艺术创作领域。

《梅鹊图》雅致温厚、疏朗古朴，具备艺术和工艺的双重价值，是南宋时期缂丝工艺杰出的代表作。《梅鹊图》有着重要的艺术价值和人文内涵，对于研究缂丝技法有着重要的意义。《梅鹊图》蕴含着中国传统文化的审美思想和艺术形式，成为当代艺术创作探究学习的经典名作。

明朝，朝廷力倡节俭，规定缂丝只许用作敕制和诰命，故缂丝产量甚少。但宣德年后，随着国力的富强，禁令渐弛，织造日多，并重新摹缂名人书画。

从明朝的万历年间到清朝的康乾时期，江南的丝织业被皇权牢牢地控制着，缂丝也成了皇权的象征。明清的龙袍衮服、宫闺之内的日用品、官员等级象征的标志——官补，无不是缂丝中的上品佳作。

国宝中的中国文化

《梅鹊图》中的梅花不惧严寒，天姿灵秀。梅花在中国传统文化中一直扮演着重要的角色，被人们视为高洁、坚强、不屈的象征。梅花是冬季中唯一盛开的花朵，在雪花飞舞的季节，梅花傲霜凌冽，意味着生命顽强，人格高洁。梅花还常常出现在中国画、工笔画、花鸟画中，是描绘寒冷季节的常见元素，通常被用来表达生命的崇高和坚忍不拔的品质。

在中国文化中，喜鹊可以带来好运和祥瑞，喜鹊在中国神话故事中出现得非常频繁，它代表着爱情、友情和家庭幸福，因此喜鹊图案常常被用于婚礼、新春、生子、落成等喜庆的场合，来寓意吉祥。

梅花和喜鹊是中国传统文化中十分重要的元素。它们不仅仅是文化符号，更是中国艺术中的重要表现手法。

七百年前的妙手匠心

"张成造" 剔犀云纹盘

名称	"张成造" 剔犀云纹盘
朝代	元朝
尺寸	高 3.3 厘米，口径 19.2 厘米
材质	木
收藏地	北京故宫博物院
功能	生活用具、礼物

国宝解密

剔犀是中华民族传统工艺的瑰宝和精华，工艺复杂，种类繁多，极具艺术价值。"张成造"剔犀云纹盘正是一件经过繁复的工艺制作而成的剔犀作品。它整体呈圆形，漆色晶莹剔透，刀法刚劲有力，器物的内外均雕刻着如意云纹。另外，盒子的底部刻有"张成造"三字，这是元朝剔犀名家张成惯用的署款。通过这件古朴典雅、精美绝伦的剔犀器，我们可以感受到元朝工匠高超的剔犀工艺。

剔犀是漆器工艺的一种，一般以黑、红漆两种色漆为主，在木胎上逐层髹（xiū）（把漆涂到器物上）到一定厚度，然后用刀在漆面雕刻纹饰，这样一来黑红漆层会被露出来，由于其肌理与犀牛角横断面环绕的肌理相似，所以被人们称为"剔犀"。"张成造"剔犀云纹盘，就是经过层层精密的工序，耗时百余天才制作出来的。

1. 采漆

涂在剔犀器上的漆，是由从漆树上取下来的漆液制成的，也叫生漆。这种漆不仅让制出来的漆器光彩照人，还起到耐腐蚀、耐潮的作用。

2. 制胎

选用纹理细、不变形的木材制作木胎，然后用苎麻布或者丝绸布在木胎上逐层裱，等阴干后脱去原木胎，留下漆布雏形，再经过上灰底、打磨等多道工序制成坚实轻盈的胎体。

3. 髹漆

用黑色和红色的大漆髹漆，在木胎上有规律、有层次地交替髹涂到所需要的厚度。一般需要髹上百次，历时数月之久。

4. 描绘

在髹完漆的木胎上描绘回纹、云钩、剑环、卷草等不同纹饰。

5. 剔刻

用刀以 45° 角，通过掀、挠等工艺步骤在漆面雕刻，这样刀口的断面就显出不同颜色的漆层。

6. 推光

用灰砖粉末细细打磨剔犀器的每一个角落，打磨时的力度要适当。历经上百次的打磨，一件色彩丰富、雕刻线条流畅的剔犀工艺品就制作完成了。

国宝中的历史

漆器是中国古代先民在化学工艺及工艺美术方面的重要发明。古代先民从简单地将生漆涂到木胎上，到在木胎上雕刻纹饰，历经千年的发展，逐渐形成高超的雕漆工艺。雕漆工艺根据色彩可分为剔红、剔黑、剔彩、剔犀几种，其纹饰精美，雕工精湛，不仅普通人热衷于使用雕漆器，就连帝王也酷爱漆器，使得漆器一度成为皇家宫廷工艺器物。

明成祖将都城从南京迁到北京后，下令在皇城内设置御用漆器作坊，专门制作漆器，并让元朝漆器名家张成的儿子张德刚管理作坊。正因如此，明朝漆器名家辈出，漆器生产繁荣。清朝的乾隆帝也热衷于漆器，他还写了不少诗文来赞美漆器呢。

汉朝是漆器发展的鼎盛时期，漆器的品种增多，还开创了新的工艺技法，如多彩、针刻、铜扣、贴金片、玳瑁片、镶嵌、堆漆等多种装饰手法。

中国是世界上最早发现并使用天然树漆的国家。早在新石器时期，我们的祖先就开始制作和使用漆器了。

唐朝漆器达到了空前的水平，镂刻錾凿与漆工艺相结合，制作出来的漆器精妙绝伦。这个时候，剔红漆器也出现了。

战国时期，漆器盛行，漆器的种类繁多，不仅限于家具，还应用于乐器、丧葬用具、兵器等。

　　"张成造"剔犀云纹盘是以云纹图案为主的剔犀盘。云纹图案在几千年的发展和演变中不断丰富，每个历史时期的云纹都融入了不同时代因素的特征。因此，中国的云纹纹样显示了其博大精深的内涵和无穷的魅力。汉代是中国传统云纹发展最为繁盛的时期，出现了许多新型的云纹样式，如云气纹、卷云纹、云兽纹等。隋唐时期流传的云纹多是朵云纹，宋代延续了隋唐时期的云纹样式，元朝则多强调了朵云纹的组合感。从唐宋时期开始，云纹样式变得越来越具装饰性，但朵云纹的结构负荷过重。然而，在这个时期出现了中国云纹体系中最具抽象品格、认同普遍、应用广泛的云纹类型——如意云纹。云纹传递着东方文化特有的"面"和"线"，传递着天地自然、人本内在、宽容豁达的人文精神和喜庆祥和的美好祝愿，具有丰富的文化内涵和优雅轻松的风格。

　　明成祖收到琉球使者进献的雕漆作品，龙心大悦，下令设立专门制作雕漆器皿的作坊，供宫廷使用。至此，雕漆成为一项宫廷技艺。

　　清朝康乾时期，雕漆工艺有所创新，逐渐形成了雍容华贵、工细纤巧的艺术风格，促成了雕漆工艺的全面繁荣。

　　在元朝漆器中成就最高的是雕漆，其特点是堆漆肥厚，刀痕不露，花纹圆润，浑然天成。

元朝珐琅工艺的代表作
掐丝珐琅缠枝莲纹象耳炉

名称	掐丝珐琅缠枝莲纹象耳炉
朝代	元朝
尺寸	通高 13.9 厘米，口径 16 厘米，足径 13.5 厘米
材质	珐琅
收藏地	北京故宫博物院
功能	宫廷御用

国宝解密

掐丝珐琅，俗称"景泰蓝"，是一种以珐琅为材料装饰器物的传统工艺。这件精美的掐丝珐琅缠枝莲纹象耳炉，是一件元朝宫廷御用的掐丝珐琅器。它质地细腻洁净，色泽高雅，整体呈圆形，双耳为象首卷鼻，腹部装饰着黄、红、白三色的莲花 6 朵，炉颈部有黄、白、红、紫四种颜色的菊花 12 朵。莲花和藤蔓相互缠绕在一起，浑然一体。掐丝珐琅缠枝莲纹象耳炉是元朝掐丝珐琅工艺的代表作品，亦是不可多得的珐琅之宝。

掐丝珐琅是一种在金、铜胎上以金丝或铜丝掐出图案，然后经过填色、焙烧、研磨、镀金等多道工序制作而成的传统手工工艺品。掐丝珐琅工艺繁复，在制作上既结合了青铜和瓷器的两种工艺，也糅合了绘画和雕刻的技艺，其制作出来的器物精妙绝伦，堪称中国传统工艺的集大成者。

1. 制胎

将紫铜片裁剪成扇形或圆形，并用铁锤打出器形。

2. 掐丝

将柔软、扁细、具有韧性的紫铜丝依设计好的纹饰在铜胎上粘出图案花纹，并焊接牢实。

3. 点蓝

依饰纹中的颜色依次上釉彩，即将色彩不同的珐琅釉料镶嵌填充在图案中。

4. 烧蓝

点一次蓝，焙烧一次，需重复多次，直到釉料凝固并与铜丝齐平为止。

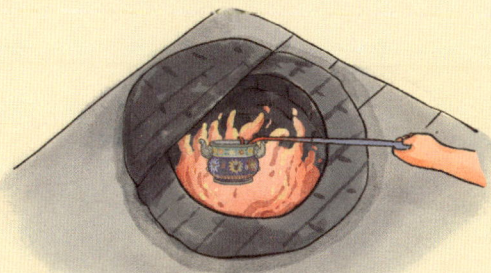

5. 磨光

用细砂石、黄石及木炭分别逐次打磨光滑釉与铜丝的粗糙处。

木炭　细砂石　黄石

6. 镀金

给磨光的掐丝珐琅器镀金，这样该器物就不会生锈，且看起来光泽亮丽。

元朝时期，海路和陆路交通发达，中外交通有了很大的发展，波斯、阿拉伯等国家的使臣、商人来往频繁，烧造掐丝珐琅的技术和主要原料也因此传到了中国。

元朝珐琅器的生产规模以及技术还未推广，因为掐丝珐琅仅在宫廷为皇室贵族使用。

国宝中的历史

掐丝珐琅起源于古代近东地区，在元朝时期引入中国，深受元朝统治者的喜爱。在中国古代，珐琅器是宫廷用品，被视为贵族阶层的象征之一。在元朝，由于蒙古统治者入主中原，中国传统文化受到了一定程度的影响，随之而来的是对西方文化的接触，这也使得中国的珐琅工艺受到一些欧洲珐琅工艺的影响。

到了明朝的景泰时期，珐琅的制作工艺大大提升，制作的器物品相极好、工艺精湛，深受人们喜爱，故而将掐丝珐琅称为"景泰蓝"。掐丝珐琅的历史悠久，有较高的艺术价值。

中国古代的工艺传承受限，技术高超的工匠被束缚在宫廷中，工艺只能传承给少数人。

掐丝珐琅缠枝莲纹象耳炉作为早期掐丝珐琅的代表作品，不仅有亮丽的色彩，富丽堂皇，并且具有实用价值。

明朝时期，掐丝珐琅工艺得到了较大的发展，无论是造型还是釉色都有明显的进步。

到了清朝，掐丝珐琅工艺高超，朝廷设立了珐琅厂，专门制造和生产珐琅器。乾隆时期，广州、扬州、苏州等地发展成为掐丝珐琅工艺中心。

清朝晚期，掐丝珐琅工艺开始没落，制作的器物胎体轻薄，掐丝线条流畅，艺术品位明显下降。

国宝中的中国文化

掐丝珐琅缠枝莲纹象耳炉的纹饰具有鲜明的儒家人文和宗教气息。在香炉腹部，有红、白、黄6朵缠枝莲花。缠枝莲也叫"万寿藤"，以莲花和藤蔓缠绕，连绵不断，寓意富贵吉祥。

莲花是中国传统文化中高尚、纯洁、吉祥的象征，而藤蔓则象征生命的延续和繁衍，寓意着家族的繁荣和昌盛。因此，缠枝莲纹寓意吉祥，常被用于装饰器物、建筑等方面，以求得神佑和福运。

在中国古代的文化中，缠枝莲纹还被赋予了更深层次的意义，它代表着人类在自然界中的生命力和生命力的延续，强调人与自然的和谐共生，注重人类与自然的相互依存和相互促进。因此，缠枝莲纹也成了一种文化符号，代表着中国传统文化中的和谐、美好和吉祥。

迷人绚烂的传统红釉

郎窑红釉穿带直口瓶

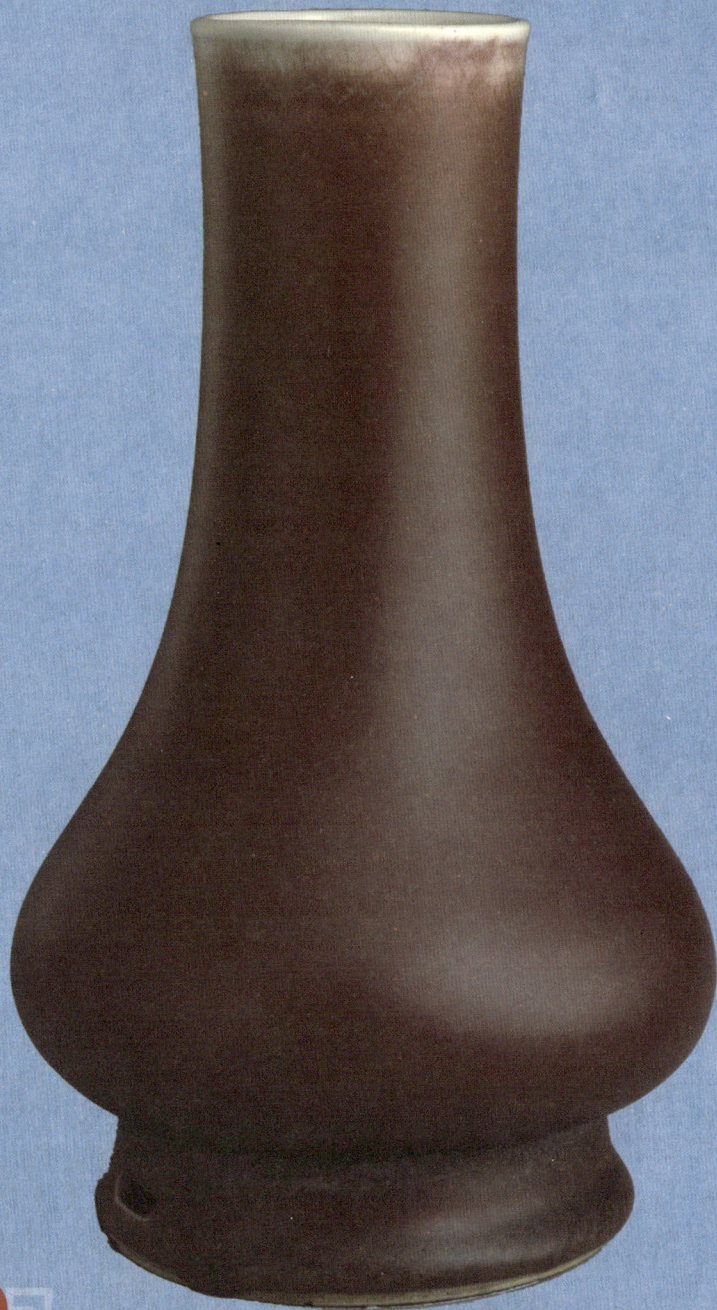

名称	郎窑红釉穿带直口瓶
朝代	清朝
尺寸	高 20.8 厘米，口径 6.1 厘米，足径 9.1 厘米
材质	陶瓷
收藏地	北京故宫博物院
功能	御用瓷器

国宝解密

中国是瓷器的故乡，中国的瓷器不仅造型古朴典雅，花纹和颜色也丰富多彩。

故宫博物院珍藏的清康熙郎窑红釉穿带直口瓶，是江西巡抚郎廷极在清朝康熙时期督理景德镇窑务时所烧制的陶瓷。该瓶高20.8厘米，口径6.1厘米，足径9.1厘米，呈现自上而下颜色渐变的趋势。瓶底两侧各留一个长方口，便于穿系。器身施红釉，口部则保留胎体白色，底部釉色凝聚，突显渐变情调。

郎窑红釉穿带直口瓶是康熙时期的宫廷御用瓷器，该器上面虽然没有花纹，却色泽温润，通体红釉似红宝石，雍容华贵，且具有晶莹剔透的玻璃光泽，是红釉瓷器的代表作品，也是故宫十大镇馆之宝之一的代表性陶瓷作品。

郎窑红是我国红釉中色彩最鲜艳的一种，远远欣赏起来不仅色彩绚丽，还给人一种高级红的雅色，它在中国色釉的发展史中具有举足轻重的意义。红釉历史悠久，可以追溯到北宋初年，红釉的种类很多，除鲜红外，还有宝石红、朱红、鸡血红、积红、抹红、橘红、枣红、粉红、豇豆红、胭脂红等。

1. 矾红

一种色泽如橙子般的红色，色泽鲜艳，华丽凝重。矾红一般用于五彩、斗彩绘制纹饰，无一色釉器。

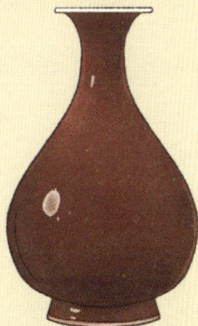

2. 胭脂水

也叫"金红"，是清康熙年间从西方引进的一种红粉低温釉。它釉汁细腻，光润匀净，色如胭脂，所以被称为"胭脂水"。

3. 珊瑚红

珊瑚红是一种低温铁红釉，由于釉色均匀、光润，能与天然珊瑚媲美而得名。珊瑚红釉的器物造型、制作、彩绘都极为精细，十分名贵。

4. 霁红

霁红创烧于康熙后期，是一种纯粹的深红釉，它的特点是釉汁凝厚，釉面像橘皮一样密布细小的棕眼。

5. 钧红

钧红是最早的红釉，它的特点是红里泛紫，像玫瑰花、海棠花的紫红色，所以又叫"玫瑰紫"和"海棠红"。

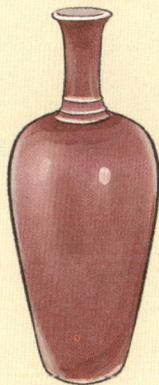

6. 豇豆红

一种釉色浅红、釉面多绿苔点的高温颜色釉，有"绿如春水初生日，红似朝霞欲上时"的美誉。

7. 抹红

抹红是珊瑚红的一种，因采用刷抹釉的方法上釉而得名。抹红釉创烧于明朝，清丽温润，在清朝康熙年间成就最为突出。

商周时期，没有专门烧制瓷器的瓷窑，人们用升焰式的圆窑和方窑烧造瓷器与陶器。

早在新石器时代，中国古代先民就开始用"穴窑"来烧造陶器。

随着制瓷业的不断发展，瓷窑逐渐从陶窑中分离出来，有了专门烧造瓷器的窑炉。

东汉时期已经烧制出了青釉瓷器。

国宝中的历史

　　中国瓷器历经数千年的发展，已成为中国的代表。瓷器制作工艺难度较高，一些精美的瓷器更是成为宫廷的收藏珍品。

　　中国瓷器的历史可以追溯到公元前5000年左右，当时人们开始使用陶器来储存粮食和水。

　　到了商周时期，中国的陶器制作技术已经相当发达，出现了很多精美的陶器器物。到了秦汉时期，中国的瓷器制作技术已经逐渐成熟，出现了很多高质量的陶瓷器物，如汉代的绿釉陶、唐朝的三彩陶等。

　　到了宋代，中国的瓷器制作技术达到了一个新的高峰，出现了很多著名的瓷器种类，如青瓷、白瓷、黑瓷、钧瓷、定窑瓷等。其中，青瓷是最具代表性的一种，它采用青色釉料，制作工艺复杂，色泽清新，质地坚硬，被誉为"天下第一瓷"。

　　明清时期，中国的瓷器制作技术进一步发展，出现了很多新的瓷器种类，如明朝的景德镇瓷，清朝的粉彩瓷、釉里红瓷等。这些瓷器不仅在制作工艺上更加精湛，而且在造型、装饰等方面也更加多样化和精美化。

宋代是中国瓷业发展史上的辉煌时代，史上有名的五大名窑、八大窑系便出现于这一时期。

元朝以后制瓷业发展繁荣，景德镇是全国最大的制瓷中心，其所产的青花瓷器造型多样，色彩绚丽，被人们称为"瓷都"。

国宝中的中国文化

郎窑红釉穿带直口瓶是中国制瓷工艺中璀璨的明珠，是中华文化的独特艺术瑰宝。郎窑红釉穿带直口瓶之所以选择红颜色，主要是受中国传统文化的影响。在传统文化里，红色一直被视为是喜庆的正色，寓意着庄严、幸福、吉祥。

在中国文化中，红色是火、血和生命的颜色。红色，是中国文化的底色，是繁荣喜庆的象征，蕴含着中华优秀传统文化的精神内涵和文化根基。

在中国传统文化中，红色与幸福、团圆、繁荣等紧密相连。在婚礼、生日、节日等喜庆场合，人们常常会穿着红色的衣服，挂上红色的灯笼，贴上红色的春联等，以求得好运和吉祥。

红色也被视为权力和祥瑞的象征。在中国古代，皇帝和高官们常常穿着红色的衣服，以显示他们的权力和地位。同时，红色也被视为祥瑞的颜色，常被用于装饰宫殿、祭坛等场合，以求得国泰民安和吉祥如意。

中西文化结合的宫廷御用钟表

黑漆彩绘楼阁群仙祝寿钟

名称	黑漆彩绘楼阁群仙祝寿钟
朝代	清朝
尺寸	高 185 厘米，面宽 102 厘米，侧宽 70 厘米
材质	木
收藏地	北京故宫博物院
功能	宫廷御用钟表

国宝解密

黑漆彩绘楼阁群仙祝寿钟古朴典雅，绝妙精巧，是清朝乾隆年间的宫廷御用钟表。此钟是由木胎黑漆彩绘而成的上下两层楼阁，下层的正中间有个时钟，钟盘上写有"乾隆年制"，并装饰有黄色珐琅。时钟左右有布景箱，主题分别是"海屋添筹"和"群仙祝寿"。

上层有 3 间房屋，每个房间均有一个人报时。每到 3、6、9、12 时，三个人就会从房间出来报时，报时结束就会缓步回去。随后下层钟表两边的布景箱就开始表演，场景热闹非凡。制作此钟的工匠具有精湛的技术水准，此钟制作时间长达五年之久。

一起走近古代科技

中国古代的计时器历史悠久，既有应用机械原理设计的计时器，也有应用天文原理计时的日晷。明清时期，西洋钟表传入中国后，中国的钟表制造也开始兴起。

圭表

圭表是古代汉族科学家发明的度量日影长度的一种天文仪器，由"圭"和"表"两个部件组成。日晷就是在它的基础上发展起来的。圭表利用光影可以推算出冬至、夏至等各节气的时刻。

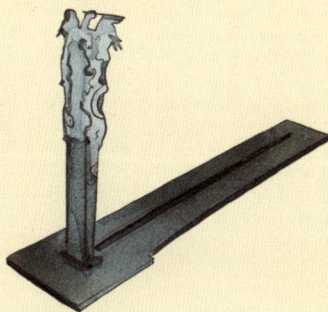

沙漏

也叫沙钟，是明朝时期发明的一种计时仪器。它利用沙子从一个容器漏到另一个容器中的时间来计时，工作原理与漏刻大体相同。

漏刻

又称刻漏、漏壶，有泄水型和受水型两类。漏壶利用水位的升降及漏箭上的刻度指示时间，计时较为精准。

水运浑天仪

也称漏水浑天仪，简称浑天仪，是一种依靠水力运转，能模仿天体运行的仪器，可以测定时间。

水运仪象台

一座以漏刻水力驱动的，集天文观测、天文演示和报时系统为一体的大型自动化天文仪器，被誉为"世界上最早的天文钟"。

大明灯漏

元朝科学家郭守敬发明的大型计时仪器，是中国钟表史上最为著名的计时仪器之一。它的工作原理为漏水计时，因造型似宫灯，且放置于皇宫的大明殿，所以称之为大明殿灯漏。

十二时辰制　汉朝时将十二个时辰命名为夜半、鸡鸣、平旦、日出、食时、隅中、日中、日昳、哺时、日入、黄昏、人定。又用十二地支来表示，以夜半二十三点至一点为子时，一至三点为丑时，三至五点为寅时，依次递推。

十时辰制　先秦时期，人们开始使用十时辰制，将昼夜平分各五个时辰，昼为朝、禺、中、哺、夕，夜为甲、乙、丙、丁、戊（后用五更表示）。

十五时辰制　指晨明、朏明、旦明、蚤（早）食、宴（晚）食、隅中、正中、少还、哺时、大还、高舂、下舂、县（悬）东、黄昏、定昏。

国宝中的历史

古往今来，钟表的发展历经不同的阶段，呈现出不同的面貌。中国的计时方式也随之不断变化。远古时代，日出而作日落而息，日月星辰就是计时的工具。到了农耕时代，发明了日晷，日晷由指针和圆盘组成，利用太阳投射的光影测得时刻。春秋战国至宋代，不仅限于光影计时，同时出现了滴漏、沙漏等，其原理是运用滴漏的规律而计时。北宋时期，"水运仪象台"的制作，代表着钟表的萌芽已经出现。在明清时期，西洋钟表在中国的传播，对中国的钟表制造起到了重要的作用。

百刻制 约兴起于商朝，即将昼夜分成均衡的一百刻。到了汉朝，将时间分为一百二十刻，后来南朝梁改为九十六刻、一百零八刻，直至明末才又提出九十六刻制的改革，清初定为正式的制度。

二十四时辰制 宋代以后把二十时辰中每个时辰平分为初、正两部分，这样一来，子初、子正、丑初、丑正……依次类推，恰好是二十四时辰，与我们现在所用的二十四小时时间一致。

国宝中的中国文化

这个黑漆彩绘楼阁群仙祝寿钟以群仙祝寿为主题制作而成。群仙祝寿文化是中国传统文化的重要组成部分之一，它源远流长，历史悠久，是一种融合了神话、宗教、哲学、艺术等多种元素的文化形态。

群仙祝寿的起源可追溯到先秦时期。在古代，人们总是将长寿与仙境相联系，因为仙境被认为是不死之地，而长寿也被视为是接近仙境的一种方式。因此，人们常常会祈求神仙和仙人，以得到他们的祝福和保佑，使自己长寿、健康、幸福。

明清时期，群仙祝寿文化更是得到了广泛的流传和发展。这时期，人们开始在家庭中举行群仙祝寿的仪式，包括诵经、拜佛、燃香、放花等活动，以祈求自己健康和长寿。同时，艺术家们也开始创作大量的群仙祝寿主题的绘画、雕塑、书法等艺术作品，为这种文化形态增色添彩。

图书在版编目（CIP）数据

陪孩子一起看国宝.2，北京故宫博物院/徐丽平，
王奕鑫主编. -- 延吉：延边大学出版社，2023.8
　ISBN 978-7-230-05430-0

　Ⅰ.①陪… Ⅱ.①徐… ②王… Ⅲ.①故宫博物院—
历史文物—北京—少儿读物 Ⅳ.①K87-49

中国国家版本馆CIP数据核字（2023）第168652号

陪孩子一起看国宝 2 · 北京故宫博物院

主　　编：	徐丽平　王奕鑫
责任编辑：	刘　浩
封面设计：	玥婷设计
出版发行：	延边大学出版社
社　　址：	吉林省延吉市公园路 977 号　　邮　　编：133002
网　　址：	http://www.ydcbs.com　　E-mail：ydcbs@ydcbs.com
电　　话：	0433-2732435　　传　　真：0433-2732434
印　　刷：	三河市天润建兴印务有限公司
开　　本：	787 毫米 × 1092 毫米　1/12
印　　张：	4
字　　数：	60 千字
版　　次：	2023 年 8 月第 1 版
印　　刷：	2023 年 10 月第 1 次印刷
书　　号：	ISBN 978-7-230-05430-0

定　　价：198.00 元（全四册）

国宝中的历史

陪孩子一起看国宝 ③

湖南博物院

徐丽平　王奕鑫●主编

延吉·延边大学出版社

写给家长和小朋友的话

亲爱的家长和小朋友：

我是徐丽平，非常高兴以这样的方式与你们交流。亲爱的小朋友，你知道吗？在我们中华五千年悠久的历史中，有太多的奥秘等着你去探索，比如古人是怎么养蚕制作丝绸，怎么制陶的，等等。那么，我们如何去了解这些有趣的知识呢？

我认为走进博物馆，跟博物馆的国宝来一次面对面的交流，是一个非常好的途径。博物馆里的藏品非常丰富，可以让我们非常直观地了解到国宝背后的故事。我们读懂了国宝，就可以更好地读懂中华文明的历史进程和中华民族的优秀传统文化。

亲爱的小朋友，你是不是已经迫不及待，想要走近这些博物馆的世界了呢？接下来，就请你到这套绘本中去探索博物馆国宝的奥秘吧！希望这套绘本可以让你真正爱上国宝，爱上博物馆，通过对博物馆中国宝的深入了解去发现中华优秀传统文化的魅力！

徐丽平

目 录

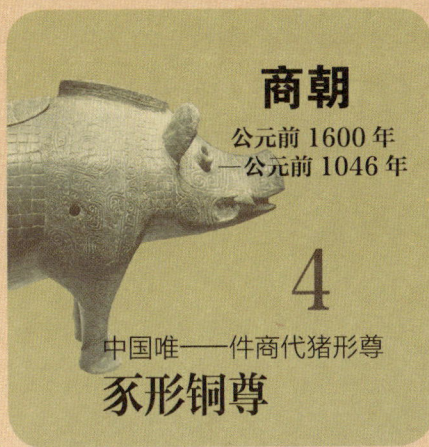

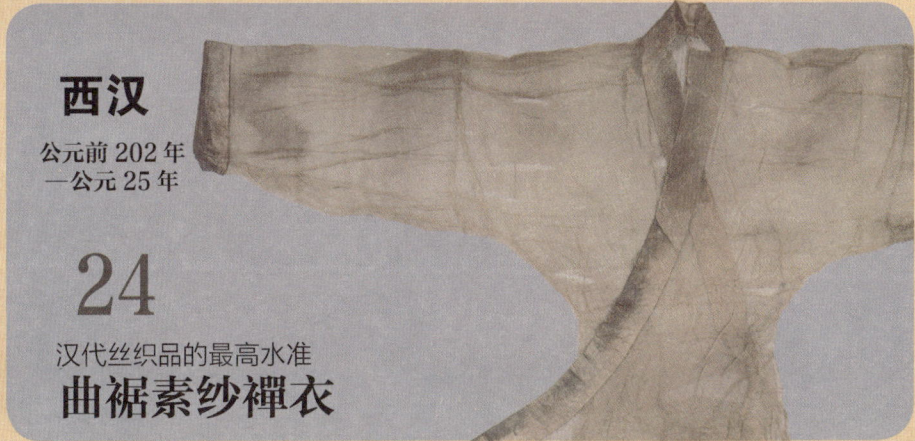
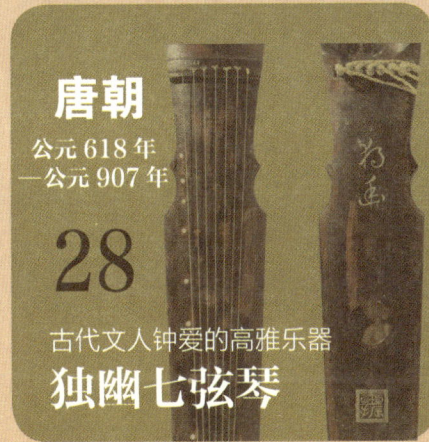

中国唯一一件商代猪形尊

豕形铜尊

名称	豕形铜尊
朝代	商代
规格	高 40 厘米，长 72 厘米，重 30 多千克
材质	青铜
收藏地	湖南博物院
功能	盛酒器

国宝解密

尊是商周时代盛行的一种青铜酒器。它的形状像一只野猪，背上开有椭圆形口，设有盖子，腹内可盛酒。口两侧有獠牙，此器重达 30 多千克，容积有 13 公升。背部的椭圆形孔是酒的出入口，盛酒后难以倒出，应当配有取酒的勺。盖上的凤鸟既是装饰，又是捏手。猪身上装饰有鳞甲、龙纹和兽面纹。在现有的商代青铜器中，以野猪作为器物形制的仅此一例。

一起走近古代科技

铜是人类最早使用的金属。其发现与利用，大大提升了社会的生产力。在商代，人们就已经掌握了一套找铜矿、开采铜矿并炼铜的方法——"火法炼铜"技术。

1. 找矿

商代所采用的铜矿石，是一种颜色青绿的孔雀石。那么，如何知道地下有孔雀石呢？古人发现，在孔雀石扎堆的地方，地表上总是生长着一丛丛"铜草"。铜草的学名叫"海洲香薷"，吸收土壤里的铜元素后生长茂盛。于是，古人通过铜草来定位铜矿。

2. 开采

商代开采铜矿有两个方法：露天开采（简称露采）和地下开采（简称坑采）。从商代中期开始，坑采技术日益完善，形成一整套井巷掘进、支护、提升、运输、通风、排水等地下采矿系统。

3. 初炼

人工挑选出杂质较少的孔雀石，将其破碎后与木炭一起投入炉中。炉中温度升至1100℃左右，炼得的铜液凝固即得粗铜，这个方法叫"火法炼铜"。

锡　铅　粗铜

4. 精炼

粗铜含有较多杂质，需要进一步精炼提纯。精炼时，将粗铜放入熔铜设备中加热熔化。根据所要铸造的器具种类，加入一定比例的锡铅等合金成分，以调节青铜的性能。例如添加锡后，青铜器的熔点变低，硬度明显增大，同时质地也会变得更脆。

商代时期人敬畏神明，经常需要举行各种祭祀。这些祭祀非常隆重，仪式感很强。

喝酒后会产生飘飘然的感觉，这种状态非常适合与神灵和祖先沟通。因此，酒与盛酒的酒器，是商代祭祀中的重要器物。

国宝中的历史

中国人酿酒、饮酒的历史，可以追溯到神农时期。到了商代，人们学会了用特制的酵母来提高酿酒的产量与效率。先民们还能酿出各种类别的酒，以适应不同阶级与不同场合。

比如，在甲骨文里经常见到的就有"黍酒""鬯酒"与"醴酒"等。黍酒是由黍酿造而成，类似于现在的普通米酒。一般的家庭，饮用的是这种酒。

在黍酒里加入香草或者香花，就成了鬯酒。鬯酒的酒香味醇，深受上层贵族喜爱，并经常用于祭祀。

商代还有一种"醴酒"，使用植物的"芽"发酵酿成，相当于现在的啤酒。醴酒的酒精度较低，但比黍酒与鬯酒更为醇香。

除了饮酒，商代贵族在夏天还可以饮用冰水。他们在地底下开凿冰窖，把冬天的冰块储藏起来。到了炎炎夏日，再将冰块取出来制作冷饮。

在日常生活中，上至贵族，下至平民，都嗜酒、好酒。

商人如此嗜酒，以至于死后仍要用酒与酒器作为陪葬。他们希望在另一个世界，还能继续饮酒作乐。

到了商朝末年，商纣王聚众作乐，酒池肉林，将嗜酒之举推入巅峰，成为加速王朝灭亡的重要原因。

国宝中的中国文化

商代是中国古代青铜器文明的黄金时代，也是中国古代酒文化发展的重要阶段。由于礼仪制度的发展和贵族阶层对于酒文化的追求，酒文化开始逐渐成为当时社会文化的一个重要组成部分。

商朝时期的酒主要是用青铜器盛放和饮用的。青铜酒器成为当时贵族喜爱的器物，豪华的酒器往往象征着贵族的身份、财富和地位。

商朝时期的酒具有宗教、祭祀的意义。在商代社会中，宗教信仰是人们生活中重要的一部分，各类祭祀活动也随之出现，而祭祀之中离不开对酒的使用。

商代的饮食文化与酒文化密不可分。当时的贵族社会中，酒文化是基本饮食商品之一。饮食和酒文化在当时都被认为是社交和聚会的有效手段。商朝时期的士大夫经常在亲友间举办聚会，家中的酒器和美酒的陈列表达着个人的追求和信仰，同时也是一种象征自我身份的方式。

中国最古老的打击乐器
商代象纹铜铙

名称	商代象纹铜铙
朝代	商代
规格	高 70 厘米，铣（xiǎn）间宽 46.2 厘米，重 67.25 千克
材质	青铜
收藏地	湖南博物院
功能	乐器

国宝解密

象纹铜铙是商代的打击乐器，1959 年出土于湖南省宁乡县老粮仓师古寨山顶。这件铜铙颜色土褐，外形酷似两片合起来的瓦块，虽然看似厚实笨重，制作却精细讲究。正铙面饰以粗线条组成的兽面纹，兽面以长鼻为界，左右两侧对称，半浮雕两眼略微凸出，上刻云雷纹。隧部浅浮雕有一对相向站立的大象，铙之周边、甬部满饰云雷纹。形体高大，气势恢宏，是迄今为止我国发现的商周铜铙中最大的一件。敲击其侧，声音依旧雄浑空阔，悠扬久远。

一起走近古代科技

商代的人尚鬼尊神，巫术与宗教盛行。在巫术与宗教活动中，音乐是必不可少的元素。当时已经有了各种打击乐器、吹奏乐器、丝弦乐器，制作工艺也很巧妙。

1. 打击乐器

有铙、钟、磬、鼓。商铙因其形体的大小不同而有大铙、小铙之分。铙与钟的形制非常相似，其最大的区别是：铙下有中空短柄，装入木柄后器身朝上；钟是悬柄在上，器身向下，垂挂于木架。

2. 吹奏乐器

有埙、篪、和、言、竽等等。埙有大小两种形制，一般大小三枚组为一套。晚商时埙已定型。有五个按音孔，基音为"a"，证明当时已有绝对音高观念。

3. 丝弦乐器

主要是琴与瑟。琴与瑟均由梧桐木制成，带有空腔，以丝绳为弦。琴初为五弦，后改为七弦；瑟二十五弦。琴、瑟的主要区别在于演奏的场合不同：琴用于正式场合，客人不说话，全神贯注地看弹琴和听琴声；瑟用于背景音乐的弹奏。

商代的战争非常多。为了让军队行动一致，规定了击鼓为进攻的信号、击铙为退兵的信号。

所谓的"鸣金收兵"里的"金"，指的就是青铜小铙。

像象纹铜铙这种近百斤的大铙，更多地是应用在祭祀的场合。为表示对神灵、祖先的崇敬，大铜铙这类青铜礼器在使用后会就地掩埋。

国宝中的历史

根据文献记载，铙是军乐器，类似铜鼓，"击鼓山顶，足以号召部众，指挥军阵"，这可能是指中原的小铙。像商代象纹大铜铙这种重达上百斤的大铙，可能是祭祀山川、湖泊、风雨、星辰的礼器。这是因为此类大铜铙出土时几乎都是口朝上，甬在下，距地表1米以内，没有别的东西同时出土。商代人非常迷信鬼神，最重视对祖先对自然神的崇拜，而且祭祀繁多。每次祭祀要用大量的牺牲和礼器，所以大量青铜乐器在祭祀后被就地埋藏下来。

铙还在宴会上配合其他乐器演奏音乐，一般是用来打节拍的。

在商朝时期，铙一般被作为礼乐仪式的乐器，被用于宴会、祭祀和官方典礼等场合。铙的制作技术在后来的周代得到了更加精细的发展，成为周代礼乐中不可或缺的一部分。

周代礼乐是中国古代礼仪制度中的一部分，包括了音乐、舞蹈、诗歌、礼器等方面。在周代礼乐中，铙的使用比商代更加普遍，成为礼仪中不可缺少的乐器之一。除了铙外，周代礼乐还包括了钟、磬、笛、箫、鼓、琴等多种乐器，通过演奏这些乐器，可以表达出不同的祝福祷告、赞美和庆祝的情感。周代礼乐在社会中具有极高的地位和影响力，它不仅是文化的传承和发展，也是中国文化的重要组成部分。

人面依旧笑春风

大禾人面纹方鼎

名称	大禾人面纹方鼎
朝代	商代晚期
规格	高 38.5 厘米，口长 29.8 厘米，宽 23.7 厘米，重 12.85 千克
材质	青铜
收藏地	湖南博物院
功能	礼器

国宝解密

　　大禾人面纹方鼎是商代晚期一件青铜礼器，也是迄今为止中国出土的唯一的以人面纹为饰的方鼎。该方鼎于 20 世纪 50 年代末出土于湖南宁乡县黄材镇炭河里，形状为长方形，口向外翻，有两立耳。方鼎的四面各有一张半浮雕人面图案，人面表情肃然，颧骨突出，圆眼大睁，双唇厚实紧闭，人面的左右各有一只大大的人耳。人面周围有云雷纹，额部两侧有角，下巴两侧有爪。鼎腹内壁铸"大禾"两字铭文，因此，鼎亦被称为大禾人面纹方鼎。

　　大禾人面纹方鼎非常珍贵，是国家第三批禁止出境展览文物。

一起走近古代科技

商代的青铜冶炼技术相对较为先进，采用了铸造和锻造两种主要工艺。商代青铜冶炼主要使用的材料是铜和锡。商代的青铜冶炼工具包括炉子、炉钳、鼓风设备等。商代的青铜冶炼技术和器物制作水平在当时世界上处于领先地位，青铜器不仅作为实用的工具和武器使用，还具有重要的礼仪、仪式和宗教意义。

冶炼铜必须用到坩埚。在夏朝，坩埚是由红陶或黑陶烧制。这种陶制坩埚耐火，但容易破碎并且容量有限。

到了商朝，开始出现铜胎外部敷上草拌泥的坩埚。这种坩埚可大可小，大的直径可到 80 厘米，高约 30 厘米，一个坩埚一次能熔化 10 千克左右的铜。

因为有了铜胎，商代的坩埚很难被损坏，只需要经常修复外部的草拌泥即可。

在商代，已经出现了鼓风机。古人用动物皮革制作气囊，连接陶制的鼓风管，通过人工压缩气囊对木炭进行鼓风，以提升其燃烧速度与温度。

商朝末年，在湖南宁乡的沩水边出现了一个叫"大禾"的方国。

大禾方国定都炭河里，其首领很可能是一位英姿飒爽的女子。

国宝中的历史

鼎，原本是古代一种烹饪食物的炊具。到了夏商周时期，青铜鼎成了非常重要的礼器，代表至高无上的权力。传说在夏朝，禹曾铸九鼎于荆山之下，以象征九州，并在上面刻上各种鬼怪的图形，让人们警惕。自从有了禹铸九鼎的传说，鼎就从普通炊具一跃而为传国重器，成为国家和权力的象征。"问鼎"成为挑战统治者的代名词，"定鼎"则表示建立新王朝或定都。

相传，武王伐纣后，在商太庙中找到九只鼎。周武王欲将九鼎运回镐京，在途经洛阳时，九鼎如生了根，怎么拉都纹丝不动。周武王认为应是上天暗示周定都于此，于是，便决定将九鼎安置于洛阳，定都洛阳。

有意思的是，跟传统的"男尊女卑"不同，在大禾方国是"女尊男卑"。

在女主的治理下，大禾方国国富民强，于是，铸造了大禾人面纹方鼎。当然，这只是现代人的一个推测。

像大禾人面纹方鼎这种以四张人脸为主体的青铜器，目前仅有的一件。在历代的《金石图册》中，也找不到任何记载。关于大禾人面纹方鼎上的"人面"到底是什么，历来众说纷纭：饕餮、祝融、蚩尤、邦君造像、傩面、黄帝四面、所有者的祖神等。

从艺术表现形式上看，大禾人面纹方鼎运用反复、对称的装饰手法，布局严密，写实与抽象纹饰结合。四组相同的纹饰集于一身，不仅强化了装饰主题，而且给人视觉上以强烈的冲击，达到特定的装饰效果。这充分反映出当时的匠人具备了较强的写实能力和形象概括能力。

气势恢宏的方罍之王
皿天全方罍

名称	皿天全方罍
朝代	商代
尺寸	器通高 84.8 厘米，器身高 63.6 厘米，器盖高 21.5 厘米
材质	青铜
收藏地	湖南博物院
功能	盛酒器，礼器

国宝解密

　　皿天全方罍是商代晚期的一件青铜器物。它的器盖有"皿天（一说为'而'）全作父己尊彝"八字铭文，器身有"皿作父己尊彝"六字铭文。其中，"皿"是器主的姓氏，"天全"是器主的名字，这是"皿天全"为了祭奠他的父亲而制作的礼器。

　　皿天全方罍器型硕大，雄浑庄重，雕刻精美，富丽堂皇，是商代青铜器的代表之作，反映了中国青铜器铸造鼎盛时期的高超技艺和摄人心魄的气势，被誉为"方罍之王"。

商朝青铜器文化走向发展的顶峰。商朝青铜器大致可以分为二里冈期和殷墟期两个阶段，即以商王盘庚迁都于殷为分野。青铜合金主要以铜、锡、铅为主要原料。商朝工匠赢掌握了青铜合金的特点与性能，能够通过调整铜、锡与铅的比例，去适应不同器物对硬度与脆度的要求。

铜、锡含量为5：1，是铸造钟、鼎之类重型乐器、礼器的配方。

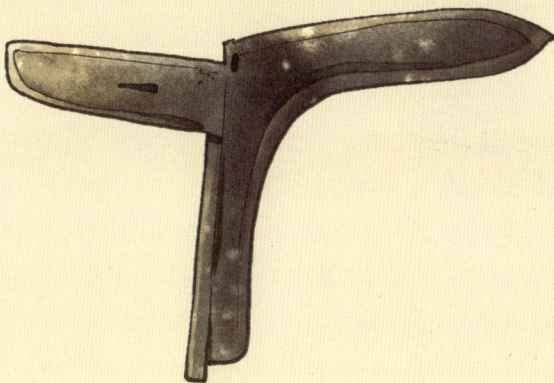

铜、锡含量为4：1，是铸造斧头的配方。

铜、锡含量为3：1，是铸造戈戟的配方。

铜、锡含量为2：1，是铸造刀剑的配方。

铜、锡含量为3：2，是制造箭镞的配方。

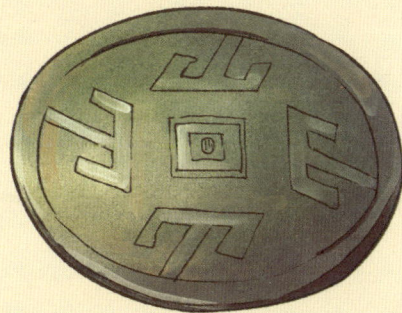

铜、锡含量为1：1，是制造青铜镜的配方。

1. 根据在殷墟出土的大量卜辞可推知，当时的皿国草木茂盛、野兽成群，商王经常去皿国狩猎。

2. 在与"皿"有关的卜辞中，经常能见到牛、羊等牲畜，可见，皿国的畜牧业非常发达。

4. 伴随商朝的覆灭，作为其附属国的皿国自然也被灭国。部分皿人从陕西迁徙到了现在的湖南。尽管路途遥远，但他们还是带上了一些珍贵的青铜器。

国宝中的历史

"皿"在商代是一个大姓，皿族深受商王的喜欢，在很多甲骨卜辞中都能看到皿族的身影。根据出土的皿族青铜器风格、造型与规格，推测皿族已经建立了一个规模不小的国家。这个国家的位置不在发现皿天全方罍的湖南，而在中原地带。因为，皿天全方罍的形制与纹饰都是典型的中原青铜器风格。此外，在陕西宝鸡的西周墓出土过"皿犀（xī）方座簋（guǐ）"铜器，在陕西咸阳市出土过"皿戟"，这两种器物都属于商代皿氏家族，因此，商代皿国的位置在现在的陕西陇县与旬邑县之间。

3.商代皿国的族人，擅长制作各种器皿，并且非常注重祭祀，深得商王的喜欢。

国宝中的中国文化

罍分为圆形和方形。方形的要比圆形的珍贵，单个的比成对的珍贵，有铭文的比没有铭文的珍贵。这件皿天全方罍的罍身是方形、单个出现、有铭文，所以极为珍贵。

皿天全方罍是商朝晚期铸造，是殷商的高级贵族之一皿氏家族的器物。这尊青铜酒器制造工艺高超，体现了古人对宗室血脉（宗室，即以父系血缘亲疏关系来确定是否列入宗室之列）的敬重之情。皿天全方罍的器盖和器身分开了将近一个世纪，经历了无数波折才聚首不分离，其意义早已超出器物本身。

国画史上的开工之作

人物龙凤帛画

名称	人物龙凤帛画
时期	战国
尺寸	高 31.2 厘米，宽 23.2 厘米
材质	丝质
收藏地	湖南博物院
功能	陪葬品

国宝解密

人物龙凤帛画是战国时期的绘画。出土于湖南省长沙市东南郊楚墓，是现存最早的中国帛画之一。人物龙凤帛画，在丧葬仪式中给死者招魂引路所用。画面分上、中、下三层：上层绘一龙一凤，凤占据最醒目的大部分位置，引颈昂首、展翅向上，可谓仪态万方。龙头生双角、身躯蜿蜒，呈腾跃飞升之势。中层绘一细腰长裙、侧身向左、合掌祝祷状的贵族妇女，在腾龙舞凤的接引下，向着天国飞升。下层绘一弯月状物，可能是引魂升天的独木灵舟。

帛画，中国古代画种。因画在帛上而得名。帛是一种质地为白色的丝织品，在其上用笔墨和色彩描绘人物、走兽、飞鸟及神灵、异兽等形象的图画，约兴起于战国时期，至西汉发展到高峰。

战国时期，巧手的妇女将蚕丝纺成线，再将纺线织成绢。

其中，白色的生绢叫作素，可以做衣料，还可以用来写字画画。

画画时，先用白色颜料在咖啡色的绢上描上线条图。

用明矾和水制成胶矾水溶液刷在绢上，待其干透后就可以着墨画画。干透的绢呈咖啡色。

草图定型后，再用毛笔蘸墨按照草图画一遍。如果有必要，还可以给图画上色。

21

战国时期，楚国人相信人死了会在另一个世界继续"活"着。为了让死者在另一个世界活得舒服，其墓室一般都会极力模仿死者生前的居室模样。

墓葬里还会有镇墓兽。镇墓兽是古人为了祈求墓葬平安，保护死者灵魂不受侵扰，防止墓葬被盗掘。

他们相信玉石蕴含神奇的力量，用玉石陪葬能够保护尸身不腐，并使魂魄复活再生。

有权势的死者，还会让自己的妻妾、亲信与奴隶给自己殉葬。这样，在另一个世界里好继续享受他们的服务。

如果亡者是武将，会陪葬一些剑、戈、矛和镞等兵器。不过这些兵器会被截断或折弯，以区别于实用器。这叫"毁器"与"折兵"。

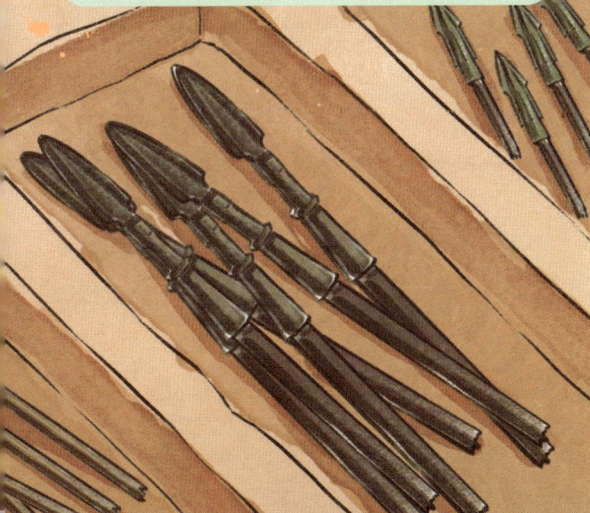

国宝中的历史

楚国（？－前223年），又称荆、荆楚，是先秦时期位于长江流域的诸侯国，国君为芈姓、熊氏。周成王时期，封楚人首领熊绎为子爵，建立楚国。楚人立国之初，国力极为空虚。经过几百年发展，在春秋楚成王时期开始崛起，不断兼并周边各小诸侯国。到楚庄王时，问鼎中原、大败晋国而称霸。进入战国，楚悼王任用吴起变法，一时间兵强马壮，初露称雄之势。楚宣王、楚威王时期，疆土西起大巴山、巫山、武陵山，东至大海，南起南岭，北至今河南中部、安徽和江苏北部、陕西东南部、山东西南部，幅员广阔。楚国至此进入了鼎盛时期。公元前223年，楚都寿春被秦军攻陷，楚国灭亡。

国宝中的中国文化

作为我国现存最早的帛画，人物龙凤帛画在中国美术史中可谓举足轻重。此画构图简洁、意境深远。绘画以白描为主，间以单色平涂，其线条流畅舒展，形象勾勒形神兼备，尤其是龙、凤的动态渲染和人物的静态刻画，形成一弛一张的鲜明对比，具有很强的艺术表现力。此外，从画中可以看出小写意与留白等传统国画技巧。

楚先民崇拜火，以凤为图腾，认为凤是至真、至善、至美的化身。在楚人眼里，凤是一种浴火重生的神鸟。《春秋演孔图》里有记载："凤，火之精也。"《史记·楚世家》中则记载，楚庄王自诩是"三年不飞，飞将冲天；三年不鸣，鸣将惊人"的凤。所以，在这幅画中，凤占了相当多的笔墨。

汉代丝织品的最高水准

曲裾素纱襌衣

名称	曲裾素纱襌衣
时期	西汉
规格	衣长 160 厘米，通袖长 195 厘米，袖口宽 27 厘米，腰宽 48 厘米，衣重 48 克
材质	纺织品
收藏地	湖南博物院
功能	陪葬品

国宝解密

曲裾素纱襌衣，1972 年出土于马王堆辛追夫人墓。这位爱美的夫人，陪葬了 148 件丝绸成衣及大量丝织品和刺绣。其中，最珍贵的是两件素纱襌衣：一件为 48 克重的曲裾素纱襌衣，一件为 49 克的直裾素纱襌衣。素纱襌衣的衣料为极轻薄的、没有染色的平纹方孔丝织物素纱，代表了汉朝初期养蚕、缫丝、织造技术的最高水平。其领缘和袖缘面料是绒圈锦，是迄今考古发现中最早的起绒织物。

一起走近古代科技

素纱襌衣是迄今所见最早、最薄、最轻的服装珍品，是西汉纺织技艺的顶峰，见证了我国养蚕、缫丝、织造工艺的历史和高度。素纱襌衣的背后是高超的缫纺蚕缝技术：素纱襌衣平纹方孔，经细纬粗，纬丝拈向一致，经丝拈向交错，9000米长的丝线才有1克重，比今天最细的纤维还要细。

1. 养蚕

两汉时，养蚕的工具槌、木寺、箔、笼等已大致配套，许多基本工具和操作程序一直沿用到近现代。

2. 缫丝

从蚕茧中抽出蚕丝，这个工艺叫缫丝。汉代的手摇、脚踏缫车已相当完善，既具有横动导丝机构，使绕上去的丝能依层次形成"交叉卷绕"，又具备脱绞机构，使丝绞容易从车上卸下。

3. 织布

将生丝分成经线和纬线，按照一定的规律相交成丝织品。西汉曲裾素纱襌衣采用的是"平纹编织"。所谓的平纹，就是在针织时，经纱和纬纱每隔一根纱就交织。

4. 染色

当时用的染料主要是植物染料，其次为天然矿物染料。例如，从蓝草中提取青色，从茜草中提取红色，用矿石绢云母涂染白色。

5. 裁缝

汉代之前的服装样式和制作工艺相对简单，一般为两片布拼接而成。到了汉代，服装的造型、细节和装饰都有了较为显著的进步，开始有了丰富的款式和种类，有袍、衣、裙、襦等。

辛追生活的时代距今约 2200 年。她是长沙国丞相利苍的妻子，地位十分显赫，奴仆众多。

辛追穿的是绫罗绸缎，还经常化妆，把自己打扮得漂漂亮亮的。

国宝中的历史

从素纱襌衣出土后，科学家一直在努力制作复制品，但重量总是超过了 50 克。原因出在哪里呢？为什么古人能做到，我们现在反而做不到了？

专家们在查找古代文献后才知道，原来现在的蚕跟汉朝时的蚕并不相同。汉朝时的蚕是三眠蚕。蚕的一生只休眠三次，蜕三次皮，体重只有 1 克多，蚕茧小，蚕丝又细又结实，一根长 900 米的丝仅有 1 克重。现代养的蚕就是五眠蚕，个头肥大，重量是汉朝的四五倍，蚕茧大，蚕丝相比而言更粗。用更粗的蚕丝去复原素纱单衣，其重量自然也会更大。

明白了造成差异的原因后，专家们通过培育三眠蚕，终于在 2019 年成功仿制出一件重量为 49.5 克的素纱襌衣。这也是素纱襌衣出土 40 多年来，第一次仿制出湖南省博物馆认可的仿制品。

就餐时，她还会小酌几杯。酒杯是漆制的，杯底下写有"君幸酒"三个字。

水果也是辛追的最爱。在吃甜瓜时，她甚至连籽也一起吃了。公元前168年，辛追逝世，享年50周岁，考古学家从她的胃里，找到了138颗尚未消化的甜瓜籽。

国宝中的中国文化

汉朝盛行厚葬，认为死者的魂魄会飞升到天上，所以在大部分的陪葬品中都包含了古人的这种浪漫主义思想。素纱襌衣的衣型瘦小，并不具有实穿的功能，且轻薄透明，轻盈的就像灵魂。在古人看来，蚕是一种神奇的生物，它能吐丝，能结茧，蜕皮后就会变成蝴蝶，由蚕丝织成的衣服有一种神秘力量可以引领死者的灵魂升天。因此，从先秦到汉代，都是用蚕丝织就祭服，取其圣洁之义。另外，素纱襌衣为纯白之衣，殷商时期人们就崇尚白色，认为白色象征人的灵魂。丝衣为纯白，用这样的衣服作为死者的陪葬品，可以让灵魂得到新生。

古代文人钟爱的高雅乐器

独幽七弦琴

名称	独幽七弦琴
朝代	唐朝
尺寸	通长 120.4 厘米，琴额宽 20 厘米、肩宽 21 厘米、尾宽 15 厘米
材质	桐木、梓木、硬木
收藏地	湖南博物院
功能	乐器

国宝解密

七弦琴，又称瑶琴、玉琴，是中国传统拨弦乐器，有三千多年的历史，属于八音中的丝。

独幽七弦琴虽然经历了 1000 多年岁月的洗礼，依然可以弹奏出动人的音乐。其琴体色泽典雅，通体髹栗壳色间朱红漆，梅花断纹与蛇腹断纹交织，背面牛毛断纹。琴背肩部中央刻狂草"独幽"，龙池内有"太和丁未"四字，标明独幽琴的制作年代为唐文宗元年，即公元 827 年。背面凤沼之有"玉振"方印，琴尾有李静题款及名家题诗。这张琴传承有序，在明末清初为我国著名思想家王夫之所用，民国年间由著名琴家李静拥有，并民国古琴第一人杨宗稷题诗。20 世纪 50 年代归湖南省文管会，1954 年由湖南省博物馆收藏。

在唐朝，古琴的制作工序多达上百道，且注重细节，耗时长达二三年。需要进行选材、制作底板、挖槽腹、合琴以及进行灰漆等多个工艺流程。制作底板时，需要使用梓木、楸木、色木等较硬的材料。自汉朝起已经使用梓木，经过历代实践，琴家"以桐之虚合梓之实"，达到"刚柔相配"的效果。

1. 备料选材

选风干百年以上的老旧木头。这些木头年代久远不易变形，木质松透，可以保证音色的圆润。

2. 切割开体

按照模型在面板与底板上画好轮廓，将面板与底板切割并制作出雏形。

3. 挖槽合板

根据面板木材的纹理，确定槽腹的深浅并调整到最佳状态，然后将面板与做好的底板进行粘合。

4. 安装附件

安装岳山、冠角、承露、龙龈、龈托、轸池、护轸等配件。

5. 刮灰胎

木胎做好之后需要刮灰胎。唐朝是将鹿角灰调和生漆后刮在麻布之上，既能保护古琴历经长时期的磨损，又要兼具传音效果。

6. 上漆

先在古琴表面刷一层大漆，然后撒上些朱砂粉末，用刷子蘸着大漆将朱砂粉刷匀。

7. 安雁足、上弦、调音

给古琴安装雁足，上弦并调音，使音效达到最佳。

在唐朝早期，伴随琵琶等外来乐器的大量涌入，古琴在宫廷与贵族阶层受到了冷落。

在著名诗人王维、白居易、韩愈等文人的大力推动下，古琴逐渐复兴。

一曲由诗人王维《送元二使安西》改编而成的《阳关三叠》，如泣如诉。

古琴演奏大师赵耶利、董庭兰纷纷登场。古琴减字谱替代了原来复杂的琴谱，让古琴得到了更为广泛的传播。

国宝中的历史

古琴是中国传统拨弦乐器，也称瑶琴、玉琴、七弦琴，有超过三千年的悠久历史，是八音中的丝类型乐器。

先秦时期，古琴除了在郊庙祭祀、朝会、典礼等雅乐场所使用，也盛行于民间音乐活动中。战国时期随着音乐的发展，古琴音乐也得到了很大的发展和普及，因此出现大量的琴人。魏晋时期，士族阶层中涌现了大量的文人琴人，他们不仅弹奏古琴，而且创作了大量琴曲。

隋唐时期，燕乐歌舞盛行，古琴的地位稍有下降。

唐朝古琴的演奏技法和音乐形式开始逐渐成熟，出现了多种不同的演奏方式和风格。在唐朝，古琴已不再是一种专门的乐器，而成为一种流行的娱乐工具和文化追求。许多文人雅士都会演奏古琴，他们会组成琴社，在一起交流演奏技巧，分享音乐创作和欣赏经验。

唐朝王之涣所创作的《登鹳雀楼》和李白所创作的《太原乐府》，这两首诗歌都在文学和艺术方面对唐朝古琴的发展有着深刻的影响。同时，唐朝的古琴文化也与诗词、书画、舞蹈等其他艺术形式相互渗透，这些都对古琴的发展和传承产生了重要的影响。

国宝中的中国文化

琴在古代的地位非常高，位列四艺"琴棋书画"之首，被文人视为高雅的代表。自古以来，琴是文人必修的科目，大量诗词文赋中都有琴的身影。春秋战国时期的伯牙、钟子期因"高山流水"而成为知音的故事流传至今。除了悠扬的琴声里流唱着中华传统文化，古琴的形制本身也是满满的"中国风"：琴体长一般为三尺六寸半，象征一年三百六十五天；琴面上有十三个徽位，对应的是一年十二个月外加一个闰月；琴头部宽八寸，表示的是一年中有八个主要节气；琴尾部宽四寸，寓意一年有四季；琴弦定音为五声，暗合了传统的五行。

长沙窑青釉褐彩诗文执壶

名称	长沙窑青釉褐彩诗文执壶
朝代	唐朝
尺寸	高 19 厘米，口径 32.7 厘米，底径 11 厘米
材质	瓷
收藏地	湖南博物院
功能	酒具

国宝解密

这个执壶是酒壶，它的壶口向内，壶颈粗短，背部有一执手，平底，壶体涂有褐色颜料，壶腹刻着一首诗："春水春池满，春时春草生，春人饮春酒，春鸟哢（lòng）春声。"与此款壶的作用相得益彰，可在无形中唤起饮酒者的兴趣，也充分反映了长沙窑善作诗文装饰品的特点。

这个酒壶在外形上有一个非常精致的壶嘴，中国的酒壶一直到了诗酒纵横的唐朝，才真正长出壶嘴，称为"注子"，也成了今天酒器的初始模样。长沙窑首创了釉下多彩，打破了当时以青、白釉色为主的生产格局，也形成了南青、北白、长沙彩的鼎立之势。

一起走近古代科技

长沙窑青釉褐彩诗文执壶的工艺非常独特。长沙窑在唐朝创烧出了釉下多彩，打破了仅有釉下单彩的局面。长沙窑在唐朝中晚期烧出了釉下褐、禄、红三色彩绘，并用彩绘组成各种图案或诗文来装饰器物。其中，尤以褐绿彩最为普遍。

1. 原料丰富

根据《望城县志》记载，在铜官镇和西湖，东城乡一带的地下，蕴含大量优质的瓷石类土壤。就地开采，无须长途运输。

2. 燃料充足

长沙的森林资源丰富，满山的松木和杉木是烧窑的理想燃料。

3. 水资源便利

制作瓷器需要大量用水，制作好后还需要安全、廉价的水运。长沙窑位于湘江右岸的铜官镇码头附近，无论是生产用水还是水运，都得天独厚。

4. 技术提升

唐中期的"安史之乱"，导致中原地区的瓷器工匠纷纷南下避祸，带来了瓷器生产的先进技术和工艺。

长沙窑，因为毗邻湘江码头，水路运输非常方便。

国宝中的历史

在中国历史上，唐朝是一个空前盛大的封建王朝，四通八达的交通路线，使其成为当时整个东亚乃至世界的中心。随着封建经济的繁荣发展，农业以及手工业产品的大量增加，为唐朝对外贸易提供了稳固的物质基础。作为一个开放型的王朝，亚洲各国的使节商旅不断往来，这使得当时的政治、军事、文化都有很多建树，文化、经济、贸易也是繁荣昌盛。唐朝与世界各国的经济贸易主要是通过互市与朝贡贸易进行。

长沙窑瓷器是唐朝历史、文化、经济的集中体现。便利的航运条件，繁荣的商业贸易，是促进长沙窑在唐朝发展的两大条件。唐朝长沙窑瓷器是当时陶瓷业的一种革新，它继承了越窑和岳州窑的青瓷风格，在釉下点彩和釉下彩瓷器的基础上，又有了新的陶瓷装饰，如釉上彩、褐绿彩绘、模印贴花等，并以诗词、书法等作为装饰图案，堪称独具特色。

所产的瓷器，经湘江、长江以及长江的支流，大量销售到今天的江苏、陕西、河南等地，甚至还远销国外。

在菲律宾、印度尼西亚、伊朗，也能发现不少唐朝长沙窑瓷器。

外销最远的地方是埃及，蜿蜒的水路，超过了一万千米！

国宝中的中国文化

墨书装饰，是指唐朝时期书法家在作品中使用墨汁进行装饰和点缀的艺术形式。这种装饰形式通常使用深浓的墨色，在作品上点缀出或绘制出各种图案，使作品更加丰富和生动。

墨书装饰是唐朝长沙窑瓷器的一个重要特色，而墨书的内容则是特色中的"特色"。据统计，现存长沙窑瓷上记载的书法和诗词多达140多首。这些诗中只有六首是名诗，其他的都是民间的诗词，作者无从考证。这些来自民间"采风"的诗词通俗易懂、朗朗上口，如抒情诗"君生我未生，我生君已老。君恨我生迟，我恨君生早。"再如军旅诗"一日三场战，离家数十年。将军马上坐，将士雪中眠。"这些民谣体通俗易懂、朗朗上口，因而长沙窑瓷也成了一种很好的文化交流工具。

绚丽多彩的国之瑰宝
景泰蓝人物纹觚

名称	景泰蓝人物纹觚
朝代	明朝
尺寸	口径 18.5 厘米，高 34.2 厘米
材质	青铜
收藏地	湖南博物院
功能	陈设器

国宝解密

　　觚，是中国古代饮酒器和礼器，相当于酒杯。初见于商代早期，盛行于商周，多为青铜制，形状细长，口部和底部都呈喇叭状。到了明朝，觚已经从实用器变成了陈设器。人们不再用觚盛酒，而是作为室内陈设用品。明朝是景泰蓝制作的鼎盛时期，这件景泰蓝人物纹觚就是明朝时期的艺术精品，器形为仿古青铜器，器形庄严。觚口呈喇叭状，腹部鼓腹，高圈足。觚身饰有掐丝珐琅八仙人物，每个人物都线条流畅，神韵生动。这件觚的构图结构清晰，颜色鲜艳，丝线流畅，做工精细。足底刻着四个大字："大明景泰"。

景泰蓝是我国明清两代宫廷中的一种专用物品，由于专供皇宫贵族享用，因此，也成为那个时代权力与地位的象征。景泰蓝历来被尊为国粹，为京城四大名工艺之首，并列入燕京八大奇迹之一。

明朝景泰蓝以"宣德""景泰"时期为代表，风格浑厚有力，自然豪放，简朴典雅。

明朝的景泰蓝胎的铜质较好，故造型仿古的多，色彩深沉而逼真，红像宝石红，绿像松石绿。此时的丝掐得较粗，镀金部分金水厚。彩釉上大多有砂眼。

十五世纪后期至十六世纪前期掐丝珐琅，番莲的花瓣较之前有了不少的变化。有些釉比前后期的釉色都要透而亮丽。

自万历年间（1573年—1620年）始，仿动物、植物等"仿生"造型的掐丝珐琅器开始盛行，如角端香薰、鹅形匙、狮式香熏、菱花式炉、梅花式缸等。

自康熙晚期，景泰蓝的样式逐渐世俗化，出现了捧槌瓶、梅瓶这类在瓷器中常见的造型，此前罕见。

乾隆对于奢华富丽艺术品的热衷，使这一时期的景泰蓝制作成本远远大于其他艺术品。

元朝，蒙古军队远征欧亚，带回了一批精美的金属掐丝珐琅器，以及来自西亚的能工巧匠。

元朝贵族非常喜欢金属掐丝珐琅器，其制作烧造技术通过带回的能工巧匠得到传播。

国宝中的历史

景泰蓝，又称掐丝珐琅，是一种源自西亚的工艺。它于元朝传入中国，经过几个世纪的发展，形成了独特的中国风格。

在元朝忽必烈西征时，将阿拉伯地区流行的"铜胎珐琅器皿"带入中国。初期的"铜胎珐琅"又被称为"大食窑器""鬼国窑器"和"佛郎嵌"（大食、鬼国都是指波斯地区）。

掐丝珐琅虽从元朝便引入中国，但真正成熟地生产且在宫廷内用作日常器皿，还是从明朝宣德年间开始的。到了景泰年间，宫廷内开设了专门制作掐丝珐琅的作坊。这也使得掐丝珐琅工艺得到了更大的发展。

清朝是掐丝珐琅工艺发展的又一期。到乾隆时期，乾隆皇帝从广州招来珐琅艺人梁绍文，邀扬州艺人王世雄进宫制作珐琅器，自此景泰蓝制品在皇宫内处处可见。

1840年鸦片战争爆发后，由于受到西方人的喜爱，珐琅器曾出现短暂的繁荣。

现在，在国家的支持下，景泰蓝工艺不再仅仅是高不可攀的奢侈品，平常人家也能拥有一件或几件上乘的景泰蓝。

明朝开国后不久，金属掐丝珐琅得到了皇家的看重，成为宫廷用器，并形成了"铜胎掐丝珐琅"这种独特风格。

到了明朝景泰年间，因为景泰帝对铜胎掐丝珐琅的青睐，其工艺达到了巅峰，铜胎掐丝珐琅也因此被后人称为"景泰蓝"。

清代，乾隆时期是景泰蓝珐琅工艺发展的全盛时期，绘画艺术与珐琅工艺的完美结合，使景泰蓝不仅成为艺术品也成为权力的象征。其中一些精品成为王公贵族们追捧的对象，他们的餐具有些也换成了景泰蓝制品。

国宝中的中国文化

景泰蓝是中国几千年工艺美术历史上的优秀成果，是世界文化瑰宝中的瑰宝。2006 年，景泰蓝被列入国家非物质文化遗产名录。景泰蓝虽然是一种舶来品，但在其发展中，融合了我国的瓷器、铜器、漆器、缂丝、织锦等传统工艺和表现方式，如陶瓷的色彩、铜器的造型、漆器的錾刻、缂丝的文化等，这些传统的工艺常常是互相借鉴或结合在一起的，这反映了景泰蓝传入中国并注入了我们民族的技艺与审美意识。

而在装饰上，中国独有白描绘画技法也融入了掐丝工艺，充分体现了文化的融合与创新。

实业报国的精美硕果

釉下五彩葫芦形瓷瓶

名称	釉下五彩葫芦形瓷瓶
朝代	清朝
尺寸	高 32.2 厘米，口径 5.3 厘米，底径 9.9 厘米
材质	瓷
收藏地	湖南博物院
功能	装饰品

国宝解密

釉下五彩葫芦形瓷瓶是用来陈设的瓷器，瓷瓶腹部饰釉下五彩菊花一束，描绘时先以墨线勾勒出花的轮廓，再以色彩涂染，叶正面用深绿，阴面及叶茎用草绿色，花瓣用紫、浅绛色，花蕊以绿色点成，焙烧后墨线消失，有如"无骨画"，底双圈内青花书"大清宣统二年湖南瓷业公司"三行楷书款。湖南瓷业公司位于醴陵，以首创釉下五彩瓷而闻名世界，其釉色晶莹淡雅，集胎质美、釉色美、工艺美、器形美、彩饰美于一体，有"白如玉、明如镜、薄如纸、声如磬"之美誉。此釉下五彩葫芦形瓷瓶造型别致，纹饰灵动，色彩妍丽，画工精湛，是不可多得的艺术珍品。

一起走近古代科技

釉下彩瓷是传统的陶瓷装饰艺术，尤其是湖南醴陵出产的釉下彩瓷，在世界享有很高的声誉。釉下五彩特指清朝末宣统年间创烧的新品种。当时烧制的数量不多，现已属珍贵之物了。制作釉下五彩瓷，从原料到成品要经过近一百道工序，全部靠手工完成。

1. 选泥

釉下五彩瓷选择泥料非常讲究，优质的釉下五彩瓷泥料是醴陵及周边地区独有的一种高岭王，湖南洪江大球泥和湖南平江优质长石或石英都是上等的泥料。

2. 成型

将泥料制作成器物的形状。

3. 素烧

泥胚干燥后，要进入窑内经800~900℃素烧成为素烧胚。

4. 装饰

在素胚上进行装饰，描绘时先以墨线勾勒出花朵的轮廓，再以色彩涂染，叶片的正面用深绿，阴面及叶茎用草绿色，花瓣用紫、浅绛色，花蕊以绿色点成，焙烧后墨线就会消失。

6. 烧制

入窑内1350~1400℃高温烧制。这样烧制出来的瓷器耐酸碱，耐腐蚀，耐高温。

5. 施釉

在画好的泥胚上再喷上一层薄薄的釉，这样不仅可以隔离颜色里含有的化学物质，还可以保证瓷器永不退色，无铅毒，环保。喷釉工艺还可以让烧制好的瓷器表面色泽明亮，光滑如镜。

光绪三十年（1904 年），清光绪翰林院编修熊希龄赴日考察实业，发现日本人引进了中国的制瓷技术后，生产的瓷器比国内的要精良很多。

回国后，有心"实业报国"的熊希龄在好友文俊铎大学士的陪同下，到湖南醴陵考察当地的瓷器制造行业。

国宝中的历史

中国是一个传统的农业大国，一直以来，"重农抑商"思想在经济生活中占据了主导地位，严重阻碍了社会生产力的发展。而清朝时期的闭关锁国政策又几乎将中国的发展与世界割离开来，影响中国吸收先进的文明，使得中国在经济、文化及科学方面的发展逐渐地落后于世界。清朝末年，熊希龄等有识之士喊出了"实业救国"的口号，他们主张以工业化为核心，积极发展民族资本主义工商业，增强本国的经济实力，以达到御侮强国的目的。湖南瓷业公司经过反复研制，采用自制的草青、海碧、艳黑、赭色和玛瑙红等多种釉下颜料，运用国画双勾分水填色和"三烧制"法，形成了自成一体、精美绝伦的釉下五彩瓷器。这些实业公司，在一定程度上同帝国主义列强的经济掠夺进行了斗争，也促进了我国民族资本主义工业生产力的发展。

为了改变国内落后的瓷器生产现状，在1905年，由熊希龄任校长的湖南官立瓷业学堂正式开办。

为了让学生有一个实际操作场地，熊希龄于1906年筹建了"湖南瓷业公司"，实行机械制瓷并于当年生产出细瓷。醴陵瓷器开始由土瓷向精瓷转变。

熊希龄聘请了不少日本技师与景德镇艺人担任学校的教员，并引进了一批先进的生产教学设备。

国宝中的中国文化

瓷器是中国古代的伟大发明之一，是世界最早认识中国的窗口，对世界文明的发展作出了不可磨灭的贡献。"瓷器"与"中国"在英文中同为一词，充分说明中国瓷器可以作为中国的代表。湖南瓷业公司的釉下五彩瓷器，娇而不媚，华而不俗。不论山水、人物、花鸟，还是写实、工笔、写意，都十分讲求艺术水平。

1909年至1915年，醴陵的釉下五彩瓷器先后四次参加国内外赛会，均获一等金奖。其中，1915年参加在美国举办的"巴拿马太平洋万国博览会"所选送的《扁豆双禽图瓶》一举夺得"最高优质金牌奖"，一时轰动了国内外，媒体盛赞为"东方陶瓷艺术的高峰"，国人也以"国瓷"称之。

图书在版编目（CIP）数据

陪孩子一起看国宝.3，湖南博物院 / 徐丽平，
王奕鑫主编. -- 延吉：延边大学出版社，2023.8
ISBN 978-7-230-05430-0

Ⅰ.①陪… Ⅱ.①徐… ②王… Ⅲ.①博物馆—历史
文物—湖南—少儿读物 Ⅳ.①K87-49

中国国家版本馆CIP数据核字(2023)第170658号

陪孩子一起看国宝 3·湖南博物院

主　　编：徐丽平　王奕鑫	
责任编辑：刘　浩	
封面设计：玥婷设计	
出版发行：延边大学出版社	
社　　址：吉林省延吉市公园路 977 号　　邮　　编：133002	
网　　址：http://www.ydcbs.com　　E-mail：ydcbs@ydcbs.com	
电　　话：0433-2732435　　传　　真：0433-2732434	
印　　刷：三河市天润建兴印务有限公司	
开　　本：787 毫米 × 1092 毫米　1/12	
印　　张：4	
字　　数：60 千字	
版　　次：2023 年 8 月第 1 版	
印　　刷：2023 年 10 月第 1 次印刷	
书　　号：ISBN 978-7-230-05430-0	

定　　价：198.00 元（全四册）

国宝中的历史

陪孩子一起看国宝 ④

陕西历史博物馆

徐丽平　王奕鑫●主编

延吉·延边大学出版社

写给家长和小朋友的话

亲爱的家长和小朋友：

我是徐丽平，非常高兴以这样的方式与你们交流。亲爱的小朋友，你知道吗？在我们中华五千年悠久的历史中，有太多的奥秘等着你去探索，比如古人是怎么养蚕制作丝绸，怎么制陶的，等等。那么，我们如何去了解这些有趣的知识呢？

我认为走进博物馆，跟博物馆的国宝来一次面对面的交流，是一个非常好的途径。博物馆里的藏品非常丰富，可以让我们非常直观地了解到国宝背后的故事。我们读懂了国宝，就可以更好地读懂中华文明的历史进程和中华民族的优秀传统文化。

亲爱的小朋友，你是不是已经迫不及待，想要走近这些博物馆的世界了呢？接下来，就请你到这套绘本中去探索博物馆国宝的奥秘吧！希望这套绘本可以让你真正爱上国宝，爱上博物馆，通过对博物馆中国宝的深入了解去发现中华优秀传统文化的魅力！

徐丽平

目录

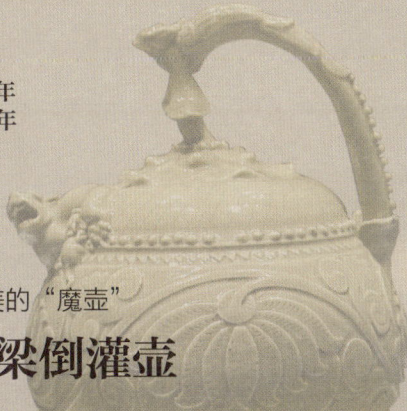

新石器时代的彩陶代表

兽面纹彩陶细颈壶

名称	兽面纹彩陶细颈壶
朝代	新石器时期
尺寸	高 28 厘米，口径 2 厘米，底径 8 厘米，腹径 15 厘米，重 1.320 千克
材质	细泥红陶
收藏地	陕西历史博物馆
功能	盛储水或食物

国宝解密

　　新石器时代的兽面纹彩陶细颈壶，也叫"兽面纹壶""兽面纹细颈壶"，是新石器时代中期的作品。1972 年，兽面纹彩陶细颈壶在陕西省西安市临潼区姜寨遗址出土，高 28 厘米，口径 2 厘米，底径 8 厘米，目前收藏于陕西历史博物馆。它呈现出莲蓬状的口沿，细长的颈部，溜肩，垂腹和平底。壶面上装饰了一组兽面图案，形状类似于上下两头猪，因此也被称为"猪面纹"。这表明当时姜寨先民已经开始饲养家畜猪了。

一起走近古代科技

在距今约20000年前，远古先民就发明了陶器，最初的陶器是将用泥捏成的容器放在火堆中烧制而成的。随着制陶技术和审美意识的提高，开始出现带有彩色纹饰的陶器——彩陶，这不仅表明当时人们拥有高超的制陶技术，还反映出当时人们的生活状态。

1. 猪面纹

彩陶大多是红底黑色的纹饰，其中有一种动物纹饰，因为形似猪面，所以被人们称为"猪面纹"。这种纹饰有避凶化吉的象征意义。

2. 蛙纹

彩陶上一种比较少见的纹饰。关于蛙纹的含义，说法不一，有人认为蛙纹的寓意是远古先民希望自己能像青蛙一样多子多孙，也有人认为蛙纹是某个部落的图腾。总之，蛙纹代表着原始人类对生活的一种美好期望。

4. 植物纹

大型彩陶器的腹部常饰有植物纹，如花瓣纹、叶纹、树纹、谷物纹等。这些纹饰绘制在陶器上，既能装饰器物，又暗含着人们祈盼丰收的美好愿望。

3. 几何纹

陶器纹饰中较为常见的一种纹饰，如米子纹、回纹、水浪纹、方格纹、绳纹、折线纹、三角纹、斜线纹、菱形纹、辫形纹等都是几何纹。

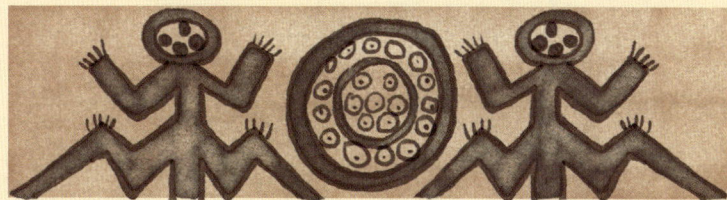

5. 人面纹

众多彩陶纹饰中具有神秘色彩的一种纹饰，大多采用黑色和白色绘制。人面纹通常与鱼纹相结合，表达了远古时期的人对鱼图腾的崇拜和像鱼一样多子多孙的美好心愿。

居住区周围有天然河道和人工挖掘的壕沟，以防御野兽的侵袭。

姜寨遗址的居住区中心有一个大广场。

广场周围分布着房屋，房屋有圆形和方形等不同种类。这些房屋分为5个建筑群，每个建筑群包括一座大房子与若干中小型房子。

居住区外的临河岸边分布着专门制作陶器的窑厂，精美的彩陶就是在这里制成的。

姜寨人还会用陶土制作形态各异的吹奏乐器，如陶埙。

国宝中的历史

　　姜寨遗址，是新石器时代中国黄河中游地区以仰韶文化遗存为主的遗址，位于陕西省西安市临潼区临河北岸，于1972~1979年先后进行11次大规模发掘。迄今为止，姜寨遗址是中国新石器时代聚落遗址中，发掘面积（13 000平方米）最大的一处。姜寨遗址距今约五六千年，由居住区、墓葬区、窑厂等组成，占地面积20 000余平方米。

　　姜寨遗址考古发现非常丰富。据考古证实，姜寨遗址仰韶文化堆积由下到上依次为半坡类型、史家类型、庙底沟类型和半坡晚期类型（或称西王村类型）。通过出土的彩陶、石器等物发现，姜寨遗址是一个母系氏族村落，姜寨人过着共同劳动的美好生活。

居住区外的东边为公共墓地，墓葬形式以单人葬为主，也有合葬。

居住区内有存储物品的窖穴和饲养猪等家畜的圈栏。

姜寨遗址的先民们使用精美的磨制石器，如石斧、石铲、石凿、石刀、石钻、石臼杆、石磨盘等。

国宝中的中国文化

彩陶也被称为陶瓷绘画，在中国的陶瓷艺术中占有重要地位。新石器时代的彩陶工艺精湛，形式多样，被视为珍贵的艺术珍品。

彩陶上的纹饰多彩丰富，不仅开创了图案设计的先河，更反映出中国古代先民丰富的想象力和创造力。

新石器时代的彩陶纹饰中常常可以看到祭祀活动的图案，如祭祀场面、祭祀器具等，说明人们十分重视祭祀活动。同时，人们对动物也有着很强的崇拜意识，因此彩陶中出现了诸如龙、马、麒麟、羊、虎等各种动物形态的纹饰。

彩陶中的纹饰文化是中国古代文化的重要组成部分，不仅反映了古代人们的信仰、文化、宗教、美学、礼俗等多方面的文化特点，还展现了古代人们不俗的审美。

判断西周中期青铜器的标准器

五祀卫鼎

名称	五祀卫鼎
朝代	西周
尺寸	通高 37.2 厘米，口径 32.7 厘米，腹深 19.3 厘米，重 11.5 千克
材质	青铜
收藏地	陕西历史博物馆
功能	祭祀

国宝解密

　　五祀卫鼎是中国国宝级青铜文物，铸造于西周时期，出土于陕西省岐山县董家村。该鼎通高 37.2 厘米，口径 32.7 厘米，重 11.5 千克，是目前保存完好的商周青铜礼器之一，具有重要的历史文化价值。它造型简单大方，鼎口边缘下饰有窃曲纹，就像一个横放的 "S" 形。尤为重要的是，鼎内铸刻有铭文，共 19 行 207 个字。这些文字讲述了西周中期一件土地交易事件。五祀卫鼎的出土，对研究西周时期的社会经济和土地制度有重要的史料价值。

一起走近古代科技

铭文起源于商朝，主要用来记录铸造该器的缘由。从这些铭文中，我们不仅能知道该器的铸造时间，还能了解当时的历史文化，这对研究古代历史具有非常重要的意义。周朝时期，青铜器上铸刻的铭文内容丰富，字迹犹如用墨书写一般，可见当时已有精湛的青铜铸造技术。

1. 利簋（guǐ）

铸造于西周早期，是迄今已知最早的西周青铜器，该器内底铸有铭文4行共33个字，记载了武王伐纣灭商这一重大历史事件。

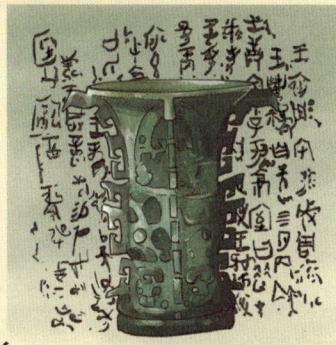

2. 何尊

西周早期一个名叫何的宗室贵族所作的祭器。尊内底铸有铭文12行共122个字，记录了周武王、周成王营建成周（西周都城）、举行祭祀、赏赐宗室的历史事件。

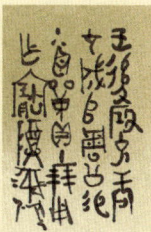

3. 小臣单觯（zhì）

周成王时期铸造的青铜器，该器内底铸有铭文4行共22字，记录了周初周成王、周公平定"三监之乱"的历史事件。

4. 过伯簋

西周周昭王时期铸造的青铜器，内底铸有铭文3行共16个字，记载了过伯随周昭王南征讨伐荆楚的事件。

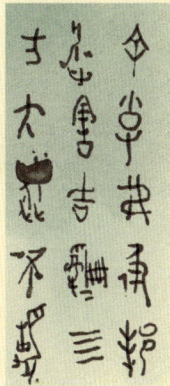

5. 毛公鼎

西周晚期铸造的青铜器，鼎内铸有铭文约500字，是目前所见青铜器中铭文字数最多的一件，记述了周宣王即位后请叔父毛公辅助他治理国家的事件。

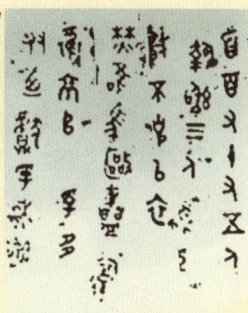

6. 多友鼎

铸造于西周晚期，鼎内壁铸有铭文22行共279个字，记述了周朝反击猃狁（古代族名，即秦汉时的匈奴）的过程。

西周共王时期，有一个叫邦君厉的人，奉命治理周昭王太庙以东的两条河流。

后来，邦君厉并没有将土地补偿给裘卫。裘卫便将邦君厉控告到邢伯、伯邑父、定伯、𩁹伯、伯俗父等执政大臣那里。

因治河需要，邦君厉占用了邻居裘卫的土地，并答应给裘卫补偿五百亩土地。

邦

国宝中的历史

周朝建立之初，统治者实行分封制，受封的宗亲和功臣可以建立诸侯国，并有管理土地和人民的权力。第六位君主周共王即位后，面对自己可支配的土地越来越少的局面，同时为了增加财政收入，在政治上进行了一系列改革。他废除原来"土地国有，分封臣下"的旧制度，施行土地私有制，允许土地自由买卖，从而增加了国家的财政收入。

五祀卫鼎上的铭文所记述的事，正与西周中期土地私有化有关。铭文大意是这样的：西周共王五年的正月，一个叫裘卫

的人想与他的邻居邦君厉交换土地，于是他把这件事报告给邢伯、伯邑父、定伯等大臣。经过一番询问，邦君厉表示同意并立下誓言，大臣便命令三有司（司徒、司马、司空）以及内史实地勘察、划定地界，裘卫以"田五田"，交换了邦君厉靠近两条河川的"田四田"，从而了结了官司。后来，裘卫将契约内容铸刻在了青铜器上。这反映出西周中期国家允许私田存在，但土地的转让、交换和买卖，仍需如实申报。

执政大臣们叫来邦君厉，审问了这件事。邦君厉同意补偿土地。经过一番协商，最后将补偿的五百亩土地改为四百亩，并让邦君厉立了誓。

裘卫将契约的内容铸刻在青铜鼎上，以告知后世子孙。

执政大臣们命司法官司徒邑人、司马颐人邦、司空陶矩和内史友寺刍带人测量了邦君厉和裘卫所管辖的土地，为二人划定了地界。

国宝中的中国文化

　　铭文是西周青铜器的重要特征，西周青铜器上所铸铭文内容大多与古文献相互印证，字体则是古文字研究的重要依据，因此西周铭文对考古学、文字学和历史学等都具有重要的意义。

　　西周铭文的格式也独具特征，早期虽无规范统一的格式，但已明显比商朝繁详，且有创制，如册命性质的铭文已经出现。穆王以后，册命记录增多，并渐成定式，一直流行到西周晚期，典型的册命记录包括时间、地点、右者、受册命者、册命辞、称扬辞、作器、祝愿辞等内容。其中，册命辞记述了受封受赐的缘由和内容，是了解西周封赏礼仪、官制和舆服等级制度的重要资料。

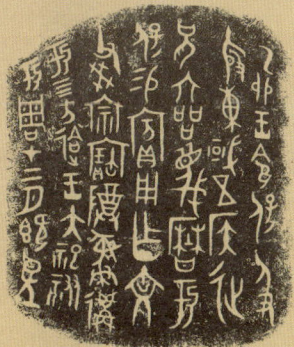

仰望星空的祭天神器

战国鸟盖瓠壶

名称	战国鸟盖瓠壶
朝代	战国
尺寸	通高 32.6 厘米，口径 6 厘米，圈足径 8.8 厘米，最大腹围 39.7 厘米
材质	青铜
收藏地	陕西历史博物馆
功能	盛酒、祭祀

国宝解密

　　战国鸟盖瓠壶是一件形似瓠瓜的青铜壶，它的样式新颖，迄今为止发现的类似青铜器数量较少。这件瓠壶的盖子呈鸟首形，所叫鸟盖。鸟盖处有环扣，可以自由开合。肩腹部有便于把握的扁环形把手。壶身上饰有两道宽带状的六道蟠螭纹。不论是从纹饰还是从器型来看，战国鸟盖瓠壶都是一件不可多得的艺术珍品，反映了战国时期高超的青铜铸造技术和先民们的聪明智慧。

一起走近古代科技

春秋战国时期，社会经济有了很大的发展，同时青铜业较以往也有了较大的突破和创新。失蜡法的盛行及分铸技术、焊接技术等的使用，使这一时期铸造出来的青铜器精致华丽，结构奇巧，富有生活气息。其中，失蜡法是一种可以铸造带有各种精细花纹和文字的青铜铸造方法，充分反映了这一时期青铜合金技术水平的高超。

禁止触摸

1. 造型

先设计要铸造的器型，并计算所需的材料。

2. 制模

用黄蜡（蜂蜡）、动物油（牛油）等做成所铸器物的蜡模。

3. 制范

蜡模成形后，在其表面反复浇淋细泥，形成一层精微细致的外范。然后，在蜡模表面涂上耐火材料，使之硬化、干燥成型。

4. 融模

用火烘烤蜡模，蜡融化后慢慢流出，便形成可浇铸的空心壳体。

5. 浇铸

将铜液注入空壳中，待铜液冷却成形后再敲开泥壳，精密的青铜器物就成形了。

6. 成型

对器物进行打磨、焊接、抛光、着色等工艺流程，使器物更加富有韵味。

战国时期，铁器的使用和牛耕的推广，使社会生产力水平不断提高，对农具和手工工具的需求量增加。

农具类型多种多样，有耒（lěi）、耜（sì）、锄、臿（chā）、镰、铚（zhì）等，手工工具有斧、铸、凿、刀等。

随着生产力的提高，商业活动越来越繁荣，金属货币、量器等被更多地使用。

国宝中的历史

战国时期，也叫战国时代，是中国历史上继春秋时期之后的大变革时期，一般指公元前475年至公元前221年，历时200余年。

战国时期诸侯国的数量大大减少，只剩下十几个，其中七个大诸侯国实力强大，史称"战国七雄"。这七个国家就是位于西边的秦国和位于东边的齐国、楚国、燕国、赵国、韩国和魏国。

战国时期的社会经济较以往有了很大发展，手工业的冶铁、青铜器铸造、漆器、纺织、煮盐等技术有了极大的发展，各国间的商业贸易活跃，商业城市开始出现。为了适应这种社会经济的变化，各国纷纷进行变法，以求在兼并战争中取胜。

七国中，秦国的商鞅变法最有成效。秦国通过在政治、经济、军事等方面进行的一系列改革，实力逐渐超越了其余六国。

秦王嬴政即位后，积极谋划统一六国。公元前230年，秦国向六国发起强大的攻势，经过十年的艰苦战斗，先后灭掉了韩、赵、魏、楚、燕、齐六国，完成统一大业。秦的统一，标志着战国时代的结束。

战国时期冶铁技术有了很大发展，但由于战争及各国交往频繁等因素的影响，社会对铜的需求量依旧很大，如铜制兵器、符节、玺印等，因此铜器等铸造生产水平显著提高。

国宝中的中国文化

古时候，人们笃信天命，崇拜先祖，由此产生了各种祭祀活动，或祭祀天地神灵，或祭祀先祖。祭祀时所使用的器物，称为礼器。春秋战国时期，形似瓠瓜、立体鸟盖的青铜壶在三晋地区流行。根据文献记载，古人会祭祀瓠瓜星（又称"天鸡"星），所以这件瓠壶是祭祀瓠瓜星时用来盛酒的礼器，里面装的酒为"玄酒"（古时祭礼中用于代替酒的清水）。

根据史书记载，瓠瓜星是指北斗星座中的七星之一，它在北斗七星的排列中位于最中间的位置，也被称为"北斗中台星"。瓠瓜星的位置非常重要，它在古代天文学中被认为具有主宰宇宙的地位。

中国古代的天文学家观察到北斗星座的位置变化与季节的变化有关，因此瓠瓜星也被当作农历历法中的重要参考点。根据瓠瓜星在北斗七星中的位置变化，可以确定季节的交替和农事活动的时机。

古代匈奴工匠打造的艺术珍品

金怪兽

名称	金怪兽
朝代	战国
尺寸	高 15 厘米，通长 11 厘米，重 0.220 千克
材质	金
收藏地	陕西历史博物馆
功能	装饰品

国宝解密

金怪兽是一件纯金打造的金器，于 1957 年首次发现。这件金怪兽呈圆雕立体状，造型为一弯颈低头做角抵状的怪兽站立在一四瓣花形的托座上，是多种动物的集合体。其眼珠凸出，双耳竖立，硕大的双角内弯并呈倒八字形向侧后展开，双角分别由 2 只鸟形怪兽组成，双角上有 16 只鸟形怪兽，四蹄立于花瓣形托座上。它造型奇特，雕工考究，反映了当时匈奴族金工匠师的高超技艺。

一起走近古代科技

中国出土了大量黄金制成的器物，这些器物华丽精美，造型奇巧，反映了中国古代高超的黄金加工工艺。据考证，中国使用黄金的历史悠久，可以追溯到3000多年前的商朝。那个时候，人们就能通过传统的技艺制作出精美绝伦的金器。在数千年的演变中，黄金加工工艺不断发展，其中一些古法工艺至今仍在使用。

1. 鎏金

也叫"火镀金"，指将金熔于水银之中，制成金泥，然后涂在铜或银器的表面，最后经过加热等工序，使水银蒸发。这样一来，金就附着于器物表面了。

2. 花丝镶嵌

花丝镶嵌，也叫"细金工艺"，是一门主要用于制作皇家饰品的传统手工艺，由"花丝"和"镶嵌"两种制作技艺结合而成。

3. 炸珠

将黄金溶液滴入温水中，制成大小不等的金珠。这些金珠通常焊接在金、银器物上做装饰。

4. 锤鍱

利用金、银极富延展性的特点，经过锤打、敲击等工序，使金、银延伸展开呈片状，再按要求制作成各种器形和纹饰。

5. 错金银

一种历史悠久的黄金加工工艺，可追溯到商周时期，主要用于制作青铜器皿、马车、兵器等实用器物上的装饰图案。

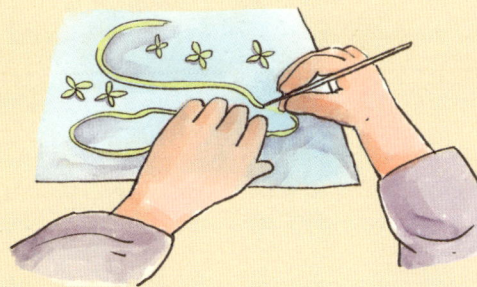

6. 掐丝

一种将金银或其他金属细丝按照墨样花纹的曲屈转折，掐成图案，粘焊在器物上的工艺。它的应用十分广泛，不仅可以用在宝石、金银饰上，还能用来制作掐丝珐琅器。

17

匈奴人以放养马、牛、羊等牲畜为主，同时也擅长狩猎。

匈奴人喜欢吃肉、乳等食物，有时会吃一些鱼类。

匈奴人会制作和使用各种陶器及金属器物。金属器物多为装饰品，如华丽的首饰、马饰或带饰等。

国宝中的历史

匈奴族是中国古代少数民族之一，是中亚原始部落的一支，兴起于今内蒙古自治区阴山山麓。

游牧于蒙古草原的匈奴族，自秦汉时期至南北朝末期，活跃在中国历史舞台上近500年。其间，匈奴族屡次南下入侵中原，给人们造成了严重的财产损失。自战国末期起，为了抵御匈奴，赵国大将李牧、秦朝大将蒙恬及汉代名将卫青、霍去病、窦固、班超等，均带兵与匈奴大战，令匈奴不敢南下进犯。后来，匈奴族经过不断分解和与其他民族融合，逐渐消失于历史舞台。

在文化和社会方面，匈奴族主要以游牧打猎为生，具有丰富的牧民文化和崇拜自然的信仰体系。匈奴族社会组织松散，以家族为单位，由几个氏族和家族组成，没有统一的王国和集中的政治力量。

匈奴人住在穹庐里，穹庐拆卸方便，适合他们流动生活的特性。

单于是匈奴的最高首领，总揽一切军政大权。

匈奴人会随着季节迁徙到水草更丰茂的地区。

匈奴人善骑射，主要使用弓箭、短刀、弩机等兵器。

国宝中的中国文化

　　匈奴人的金属器物多为饰品，其形态也多以草原上常见的动物为题材。这件黄金制成的金怪兽形似神话传说中的蛊雕，匈奴族首领将其作为帽上的冠饰，反映了匈奴人对勇猛强悍的动物的崇拜。

　　匈奴人主要以游牧为生，他们生活在与自然息息相关的环境中，他们依赖动物的力量来生存。因此，他们崇拜象征着他们的性格和命运的动物，并将它们作为图腾崇拜。

　　匈奴人普遍崇拜鹰和狼。他们把鹰视为精神领袖，认为其锐利的目光、强壮的翅膀和极强的攻击能力，象征着力量和意志。狼则被视为智慧与勇气的代表，被认为是他们的"精神兄弟"。此外，其他动物，如鹿、鱼、鸟等也作为具有特殊意义的崇拜对象。对于匈奴人来说，动物图腾是他们文化中的重要元素，深深体现了游牧民族的信仰和游牧生活的哲学。

两千年前的秦军英姿
跪射俑

名称	跪射俑
朝代	秦朝
尺寸	高 111 厘米，重 80.000 千克
材质	陶
收藏地	陕西历史博物馆
功能	雕塑、殉葬

国宝解密

跪射俑出土于秦始皇陵二号坑东部，是已出土的保存十分完好的兵马俑之一。

跪射俑头挽偏斜的发髻，身披铠甲，右膝着地，左膝弯曲下蹲，呈跪射式。他的右手握弓，左手向右做扶持姿势，仿佛随时准备加入战斗。

跪射俑的人物面目清晰，形象生动，动作自然，充满了内在的动力，是当时弓弩手形象的生动写照，体现了秦朝雕塑家们高超的雕刻技艺。

一起走近古代科技

秦始皇陵兵马俑，简称兵马俑、秦俑，是"世界十大古墓稀世珍宝之一"。兵马俑形态各异，有站立式、跪射式、立射式、武士、军吏、骑兵、驭手等，其身上的衣服、铠甲及上面的纹饰雕刻得栩栩如生，他们的表情庄严肃穆，如同活生生的人。兵马俑，充分反映了秦朝高超的科学技术。

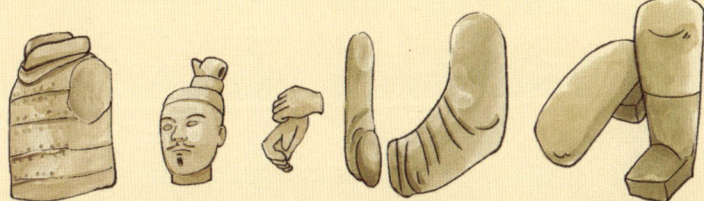

1. 制胎

用泥土分别制作出俑的双脚、双腿、躯干、双臂、双手和头，这就是粗胎。

2. 修饰

在制好的粗胎上再覆一层细泥，雕刻出铠甲、腰带、带钩等装饰。

3. 成型

将经过精心雕刻的身体各部位组合到一起，这样俑就初步完成了。

4. 烧制

将组装好的俑放到窑炉中烧制。

5. 着色

俑烧制完成后，再用粉色、朱红、枣红、粉红、粉紫、天蓝、白色、赭石色等颜色进行彩绘，兵马俑就制作完成了。

公元前 221 年，秦王嬴政率领大军攻灭六国，统一天下，自称"始皇帝"，史称"秦始皇"。

秦朝的兵权掌握在皇帝手中，以铜虎符为号。铜虎符左半在领兵将领手中，右半由皇帝掌管。

秦军装备先进，士兵身着铠甲，胸前和后背有短镜甲相护，以保证士兵的安全。

国宝中的历史

被誉为"世界第八大奇迹"的秦始皇兵马俑坑，位于今陕西省西安市临潼区秦始皇陵以东 1.5 千米处，1974 年被首次发现。据史书记载，秦始皇陵是丞相李斯主持规划设计，大将章邯监工，耗时 39 年才修筑完成的。秦始皇兵马俑坑距今有 2000 多年，由一号坑、二号坑和三号坑组成。三坑呈品字形排列，出土的兵马俑非常丰富。这些俑的体态与真人等大，数量众多，神态各异，没有一件重样、雷同的，不仅反映了当时工匠高超的雕塑艺术水平，也展现了秦军将士勇猛善战、敢于冲杀的精神。

秦军等级分明，职能划分严明，有步兵、骑兵、等，他们训练有素，纪律严明，个个英勇善战。

秦军兵器精良，有戈、矛、戟、剑、弩、殳、钺、铜镞、金（吴）钩等。

国宝中的中国文化

秦始皇陵兵马俑坑出土的兵马俑，姿态千变万化，栩栩如生，是中华民族不可多得的艺术瑰宝。

跪射俑是中国古代雕塑艺术的杰作，它的姿势符合古代"支左拙右"的善射之法，反映了中国古代工匠细致入微的观察力。从跪射俑威严肃穆，随时准备战斗的神态上，仿佛可以看到秦军冲锋陷阵的壮观场面。

传说，建造这些兵马俑是为了保护秦始皇陵里的财宝和灵魂，可以看出中国古代人们的宗教和信仰。

这些精雕细琢的兵马俑容貌、体态各不相同，展示了中国传统的军事文化和艺术成就，突显了古代中国对武器、装备和战术的发明和创新。

现存的唯一一枚汉代皇后玉玺

皇后玉玺

名称	皇后玉玺
朝代	汉朝
尺寸	通高 2 厘米，边长 2.8 厘米，重 0.033 千克
材质	玉石
收藏地	陕西历史博物馆
功能	印章

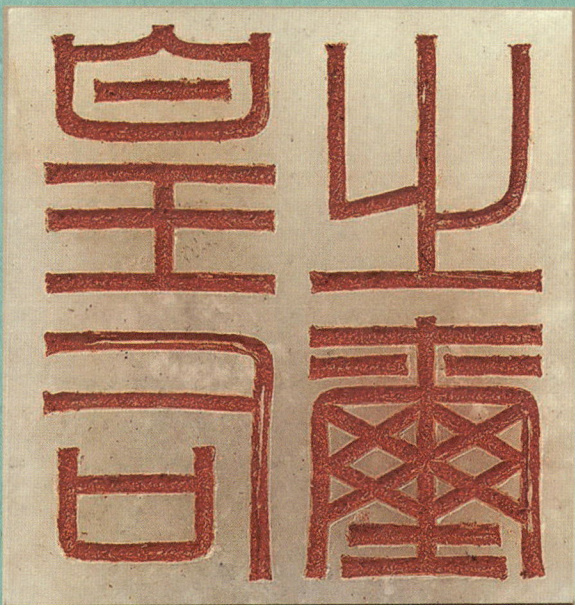

国宝解密

皇后玉玺，是现存的唯一一枚汉代皇后玉玺。皇后玉玺为正方形，2.8 厘米见方，通高 2 厘米，重 0.033 千克，由新疆和田羊脂白玉雕成，玉质温润洁白，极具观赏性。它的印面篆书为"皇后之玺"，它的上面雕刻着一只螭虎形象做纽，螭虎形象凶猛，体态矫健，四肢有力，双目圆睁，眼球圆而凸出，隆鼻方唇，张口露齿，双耳后耸，尾部藏于云纹之中，背部阴刻出一条较粗的随体摆动的曲线，6 颗上齿也以阴线雕琢。螭虎腹下钻以透孔，以便穿绶系带。玺台四侧面呈平齐的长方形，并琢出长方形阴线框，其内雕琢出 4 个互相颠倒并勾连的卷云纹，每个云纹均以双阴竖线与边框相连。展现了当时高超的雕刻水平。

一起走近古代科技

中国古代的印章起源可以追溯到商周时期。在制作印章的过程中，雕刻技术是不可或缺的。早期的印章制作主要采用彩陶、石器和玉器等材料，但随着青铜器的发展，青铜成为印章制作中的主流材料，而玉则常用于皇家和高级官员的印章制作。自秦始皇后，只有皇帝所使用的印章才能称为"玺"，其余则称为"印"。玺印的制作，表现出了中国古代高超的雕刻工艺。

1. 战国格言玺

中国现存的最古印章，有铜、玉、陶等质地，玺文内容为战国古文。

2. 君之信玺

战国时期楚国的官玺，玺面为正方形，阴刻着篆书"君之信鉨"；钮为覆斗形，纹饰为卷云纹和树叶纹；材质为玉质。

3. "淮阳王玺"玉印

汉朝诸侯王的玺印，印面为正方形，上面阴刻篆书"淮阳王玺"，书法布局饱满，笔画匀正，文字方正宽博，线条细腻整齐，是诸侯王玺中汉篆的典范。

4. 张隆私印

东汉姓名私印，使用白玉雕琢而成，通体无暇，晶莹夺目，是玉印中的精品。

5. 独孤信多面体煤精组印

西魏八柱国之一、鲜卑族上层人物独孤信的印章。这枚印章是由26个大小不一的正方形和三角形组成的多面体，其中14个正方形印面上刻着规范的楷书阴文。

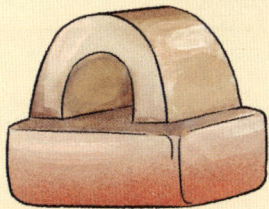

吕雉是汉高祖刘邦的妻子，在刘邦为泗水亭亭长时嫁与刘邦为妻。

公元前195年，汉高祖病逝，汉惠帝刘盈即位，吕雉开始独掌朝廷大权。

刘邦称帝后，吕雉被封为皇后，她协助刘邦镇压反叛，打击割据势力，对巩固汉朝的统治起到了重要作用。

公元前188年，汉惠帝刘盈病逝，吕雉临朝称制，成为中国第一位专政的太后。

国宝中的历史

吕雉（公元前241年—公元前180年），是中国古代历史上一位重要的女性人物，也是汉朝建立者刘邦的皇后。她是一位非常勇敢和聪明的女性，对汉朝的历史发展有着重要的影响。

吕雉出生在一个普通的家庭，但她的智慧和美丽使她引起了刘邦的注意。当时，刘邦正在为夺取天下而努力，而吕雉则成为他身后坚强的支持者之一。

吕雉嫁给刘邦后，他们一起经历了许多艰难的时刻。她始终站在刘邦身边，鼓励他坚持自己的理想，并给予他信心。最终，刘邦成功建立了汉朝，这就是汉高祖。

作为汉高祖的皇后，吕雉展现了非凡的智慧和勇气。她积极参与国家的政务，关心百姓的疾苦，努力改善国家的经济和农业状况。她提倡节俭和勤劳，鼓励人们努力工作，为国家的繁荣作出了贡献。

虽然吕雉后期过于干涉政治事务，对国家的治理产生一些影响，但她对汉朝的建立和发展确实作出了不可忽视的贡献。

政治上，吕雉施行"无为而治"的方针，减免赋税，极大地提高了农民生产积极性。

经济上，吕雉改革币制，参与五铢钱的设计，为推进汉朝初期商业的发展起到了积极作用。

吕雉病逝后，与汉高祖刘邦合葬于长陵。

国宝中的中国文化

皇后之玺的印钮为金螭虎钮。用螭虎做钮，寓意着君临天下，威服臣官的绝对权威。皇后之玺的发现，对研究秦汉帝后玺印制度有着十分重要的意义。

螭虎又称螭龙、狴犴，是中国民间传说中的一种神兽，形体似狮，有鬃毛、弯角和鳞甲，背上通常有翅膀。它通常深栖于深山老林或古墓之中，是一种护宝的神兽，被视为吉祥之兽和祥瑞的象征。据传，螭虎的形象来源于蝮蛇、蛟龙、勾獭、鳄鱼等众多动物。

螭虎作为中国传统文化中的瑞兽，纹饰中所呈现的形象和寓意，有着深刻的文化内涵和象征意义。

吉祥避邪。螭虎形象被认为是避邪驱魔的神兽，代表着祥瑞和吉祥。

权力、英雄与勇气的象征。在古代，螭虎往往与皇家或将领有关，它代表了权力、英雄主义和勇气。

螭虎作为中国传统文化中的元素，其纹饰代表着中华文化的艺术和历史积淀。螭虎纹饰被广泛应用于美术、建筑、雕刻、刺绣等领域，传承了中国艺术文化的精髓和特色。

视觉与气味塑造出的海上仙山

鎏金鎏银铜竹节熏炉

名称	鎏金鎏银铜竹节熏炉
朝代	汉朝
尺寸	高 58 厘米，口径 9 厘米，底径 13.3 厘米，重 2.570 千克
材质	铜
收藏地	陕西历史博物馆
功能	熏香炉

国宝解密

　　鎏金鎏银铜竹节熏炉是西汉皇家用品，1981 年出土于陕西省兴平市茂陵东侧从葬坑。通高 58 厘米，口径 9 厘米。由青铜铸造，通体鎏金鎏银。炉盖形似多层山峦，云雾缥缈，再加以金银勾勒，宛如一幅秀美的山景画。青烟袅袅飘出，缭绕炉体，造成了一种山景朦胧、群山灵动的效果，仿佛是传说中的海上"博山"，因此发展出了新的熏炉种类——博山炉。

一起走近古代科技

香道文化是中国传统文化中的一个分支，它是通过香的熏染、香的聆听、香的领略、香的品尝、香的制作等多种方式，达到精神安定、身心调和、文化体验等目的的文化活动。香道文化在中国已经有几千年的历史，至今仍影响着人们的生活。

1. 准备香具

香炉是最常见的熏香用具。除香炉外，还有香斗、香筒、火钵、香匙、香刀、香巾、薄云夹、香材、灰压、香著、香夹、碳针、云母片（薄云片）、香碳、香灰、切香台等。

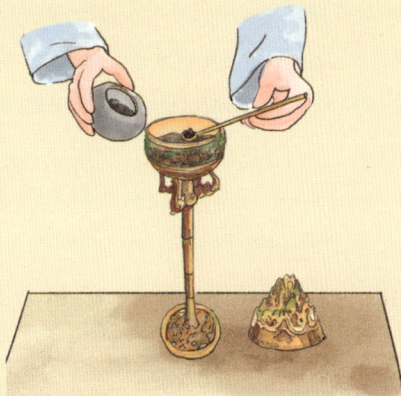

2. 点燃香碳

将熏香用具一一取出放好，然后用香匙在碳罐中取出香碳放于火钵中，点燃香碳，让香碳燃至无明火并变至红色最佳。

3. 整理香灰

将香灰至于香炉中，用香著将香灰顺时针画圈捣松，并用香箸在中央挖出一个碳孔，其大小以能刚好装下香碳为宜。

4. 放置香碳

用香夹将烧好的香碳夹入香灰中，并用香灰掩盖住。

5. 堆积压灰

将周围的香灰堆积到香碳上方，并拍打严实形成火山状，顶部要平。然后，用碳针在香碳正中插一个气孔，以助燃烧。

6. 放置香料

将香盘放置在香碳顶部平面上，然后将切好的香料置于香盘上。待香盘加热后，香料的香气便会散发出来，这时可手持香炉，低下头缓缓吸气品香。

张骞开辟丝绸之路后，汉朝对外交流日渐频繁，许多香料传入中国，香料的种类更加丰富。

香有净化环境的用途，人们会在身上佩戴香囊或在房间放置香囊。

古人的衣服、被褥洗净之后，会进行熏香，闻起来有芳香的味道。

西汉时，汉武帝信奉方士神仙之说，追求长生不老之术，时常焚香祭祀神明。

在祭祀天地、先祖等活动中，焚香是必要的环节之一。

国宝中的历史

中国自古以来就有焚香的习俗。香的用途很多，宋代丁谓所著《天香传》中记载："香之为用从上古矣。所以奉神明，可以达蠲（juān）洁。"早在上古时期，人们便已经开始焚香供奉神明了。另外，焚香还可以起到辟秽、清洁的作用。

汉代是中国历史上继秦朝之后的大一统王朝，汉武帝即位后，为了加强西域的经略，派张骞出使西域，从而开辟了丝绸之路。

丝绸之路的开辟，加强了汉朝同西域的沟通，许多香料传入中国，汉代熏香之风盛行，各种各样精湛的熏炉也应运而生。

汉朝熏香之风盛行，无论是宫廷妃嫔还是大臣，均普遍熏香。

国宝中的中国文化

从鎏金鎏银铜竹节熏炉中可以看出中国古代人们对香道文化的深刻理解与热爱。

中国香道文化包括"观香""熏香"和"研香"等几个方面。首先是"观香"，是指欣赏香的外貌和香气，通过观察香火的烟尘、品香器材和注视香炉，逐渐达到心静神定、宁静致远的境界。其次是"熏香"，是指利用香的熏烟来陶冶心灵、净化空气。人们在香炉里面放置香料，享受香气，并向神明祈愿。最后是"研香"，是指通过磨、研香料，制作香粉和香囊等香制品，来增加香道文化的艺术感和欣赏价值。

香道文化在中国历史上曾是官方礼仪和文化习俗之一，有着极为深远的影响。现在，香道文化逐渐被当作一种时尚和敬老敬祖的文化形态，人们以学习香道文化为自己的爱好和精神追求，来提高自身的文化修养和彰显自己的文化品位。

两千年前的环保"黑科技"
汉彩绘雁鱼铜灯

名称	汉彩绘雁鱼铜灯
朝代	汉朝
尺寸	高53.5厘米，长34厘米，宽17厘米，重4.978千克
材质	铜
收藏地	陕西历史博物馆
功能	灯具

国宝解密

　　汉彩绘雁鱼铜灯，是一件构思精巧别致且具有环保理念的灯具，于1985年出土于陕西省神木市店塔村西汉墓。这盏灯由四部分组成：雁首、雁身、两片灯罩和带曲鋬的灯盘。它们可以拆卸。雁身由两范合铸，两腿分铸后焊接。整个灯都涂有红色和白色。两个灯罩可以自由旋转，以调节灯光的方向和防风。雁腹内可以装满清水，灯烟会通过雁颈溶入水中，减少油烟污染。汉彩绘雁鱼铜灯是汉代灯具中的杰作，反映了汉代高超的工艺和先进的理念。

一起走近古代科技

汉彩绘雁鱼铜灯腹内可盛清水，以溶解落入腹内的烟灰，达到减少油烟污染的目的。另外，它的两个灯罩可自由转动，既能调节灯光照射方向，又能防御来风，以免灯火被风熄灭。像这样造型优美、结构精巧且具有环保理念的灯具，在我国历史上还有不少呢！

雁鱼铜灯由衔鱼的雁首、雁身、两片灯罩及带曲錾的灯盘四部分组成，可拆卸重装，这样方便清洗。

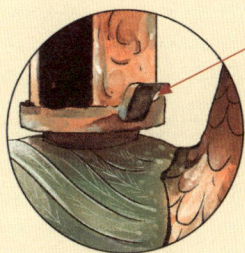

灯柄

灯盘上有灯柄，可以转动灯盘。

灯罩为两片弧形屏板，也可以左右开合，以调节灯光的照射角度和明暗度，同时起到挡风的作用。

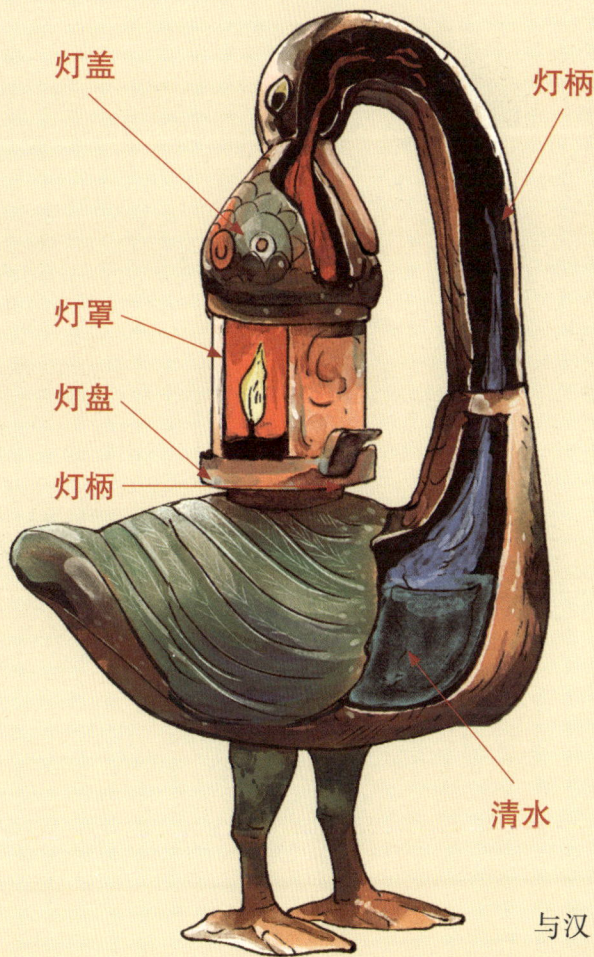

灯盖

灯罩

灯盘

灯柄

灯柄

清水

古人使用的油灯燃料会产生油烟和难闻的异味，于是工匠在雁鱼铜灯的颈部、腹部和雁鱼所衔的鱼身采用中空设计，并相互连通，这样油灯点然后产生的油烟会顺着大雁颈部导入大雁的腹内，最后在腹中所盛的清水中过滤，从而起到防治污染的作用。

与汉彩绘雁鱼铜灯原理类似的还有有"中华第一灯"之称的长信宫灯，也是一款具有环保理念的灯具。反映了古代高超的制作工艺。

早在距今约 70~20 万年前，生活在北京周口店的北京人就已经学会用火来照明了。

商周时期，青铜铸造工艺高超，铜制的灯具出现了。

新石器时代，人们开始用陶制的瓦豆来做灯。瓦豆形制简单，为上盘下座，在瓦豆中放置灯芯，点燃后便可以照明。

到了汉代，灯具的制造较以往有了极大的发展，不论是灯具的形态还是制作灯具的理念，都有所创新。从汉代起，灯具也具有了娱乐和装饰的作用。

国宝中的历史

中国灯具的历史可以追溯到 4000 多年以前的新石器时代，当时的灯具主要是用来点火和照明的。在中国漫长的历史进程中，灯具逐步发展成为一种独具特色的艺术品和文化象征，具有丰富的美学和文化内涵。

中国灯具的形式种类繁多，有提灯、灯笼、小吊灯、壁灯、台灯、高低吊灯，以及具有民俗特色的宫灯、贺岁灯、花灯、舞狮灯等。在选择材料方面，木、纸、布、竹、石、玻璃、铁、银等材料都可以被用来制作灯具，而且多采用彩绘、刻花、透

雕等技艺进行装饰，使灯具的视觉效果和艺术价值都非常高。

在中国传统文化中，灯具有丰富的文化内涵和象征意义。在中国新年期间，像红灯笼、猪灯、合家灯、元宵灯等灯具，象征着团圆、美好、幸福和祥和的生活，代表着人民对美好生活的向往和期盼。在传统文化的节庆活动中，燃放灯笼、烘炉火、开荷包、放烟火等是必不可少的环节，集众人的欢声笑语、祈求祝福于一身。

魏晋南北朝时期，青瓷技术发展成熟，青瓷灯具等开始普及。

隋唐以后，社会经济发展，灯具被制作成各种各样的形态，开始出现在节日和宴会中，具有娱乐的性质。

国宝中的中国文化

汉彩绘雁鱼铜灯采用了彩绘技术，整个灯身上有着丰富的彩绘图案，包括鱼、雁、桥、云、水等，这些图案有的呈现出优美的线条感，有的则透着浓郁的浪漫和神秘感，充分体现了中国古代的绘画艺术和审美观念。灯的形态设计也颇具特色，象征意义明显，鱼代表年年有余，桥代表道途平安，整个设计以吉祥为主导思想，体现了中国人崇尚吉祥的文化传统。

灯身用了大雁的形态。在中国文化中，大雁是一种"五常俱全"的灵物（五常指仁、义、礼、智、信），它有仁心，重情义，懂得礼让恭谦，且十分守信。所以，人们在制作一些器物时，会以大雁为形，赋予其美好的寓意。

该铜灯的制作对金工技艺和实用工艺都有着很高的要求。雁鱼铜灯采用锻打、铸造、刻凿、彩绘等多种工艺相结合的方式制作，形态设计生动，展现了中国古代工艺技术的独特魅力。

35

巧夺天工的珍宝

镶金兽首玛瑙杯

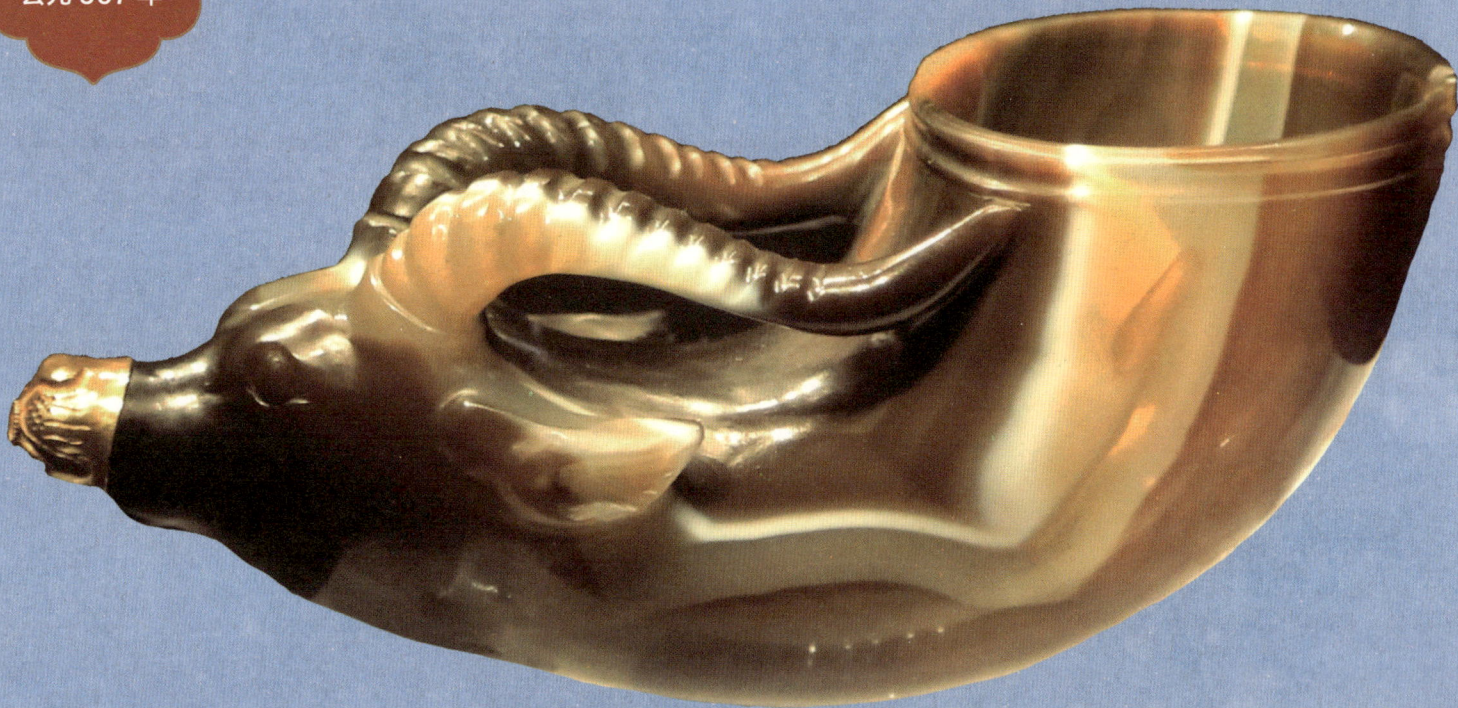

名称	镶金兽首玛瑙杯
朝代	唐朝
尺寸	高 6.5 厘米，长 15.6 厘米，口径 5.6 厘米
材质	玉石
收藏地	陕西历史博物馆
功能	酒具

镶金兽首玛瑙杯是唐朝工匠用一块罕见的五彩缠丝玛瑙雕刻而成的，1970 年 10 月在陕西省西安市南郊何家村出土。它造型写实、生动，杯体模仿兽角的形状，杯子的前部雕刻着惟妙惟肖的牛形兽首，兽嘴处镶金，起到画龙点睛的作用。事实上，这是酒杯的塞子，取下塞子，酒可以从这儿流出，可见其构思之精巧。

唐兽首玛瑙杯是至今所见的唐朝唯一一件俏色玉雕，是唐朝玉器做工最精湛的一件。

一起走近古代科技

唐朝是中国历史上最为繁盛的朝代，它开放的社会风气和包容的态度，使酒文化在唐朝得以发展。唐人嗜酒，酒在他们的生活中扮演着重要角色，大至宫廷宴会，小至与好友闲聊，几乎在各种场合都能见到酒的身影，因此形成了独具一格的酒文化。

蘸甲

蘸甲是唐朝时期十分流行的饮酒习俗，即斟满酒后，将手指伸入杯中，略蘸一下，弹出酒滴，表示敬意。

烫酒

古人会将酒温热再喝，这样不仅会让酒的口感变得更好，还可以使酒中的有害物质挥发掉。唐人多使用铛来烫酒。

酒纠

酒纠是古人饮宴时专门指定或推选出来维护酒席秩序，或主持一些游戏活动的人。

敬酒

也叫献酬，是主宾之间或宾客之间互相敬酒的一种习俗。这种习俗历史悠久，在今天的酒桌上依旧使用。

酒令

酒席上助兴取乐的一种游戏。酒令历史悠久，可以追溯到西周时期，在唐朝时得以完善。唐朝酒令丰富多彩，形式多样，往往使宴会氛围轻松、宾主尽欢。

唐朝手工业发达，主要有纺织业、陶瓷业、冶矿业、造船业、造纸业、制茶叶等。

唐朝社会风气开放，女子可以进行骑马、打球、拔河、射箭等活动。

唐朝文化艺术繁荣，诗歌、书法、绘画、音乐、舞蹈等领域名家辈出。

国宝中的历史

唐朝是中国历史上伟大的一个朝代，存在于公元 618 年至 907 年，历时近 300 年，是中国历史上政治、文化和经济发展的黄金时期。

唐朝建立于 618 年，唐太宗李世民是唐朝第二位皇帝，他通过武力和政治手段扩展了唐朝的疆域。在唐朝初期，李世民采用了以儒家思想为主的中央集权制度，通过整顿军队和加强行政管理，巩固了政治基础并恢复了社会秩序。

唐朝文化以诗歌、音乐、戏曲、绘画、舞蹈等为主要表现形式，其代表人物如诗人李白、杜甫、白居易，画家王维等，他们的作品在世界文化史上也有着深远的影响。

唐朝经济十分繁荣，经济发展主要依靠贸易和农业生产，唐朝时期的长安是当时世界上最为繁华的城市。同时，唐朝还建立了铁路、水运等交通设施，从而推动了贸易和对外交往的发展。

唐朝与周边民族在政治、经济上联系密切，唐太宗还被四夷各族尊为"天可汗"。

李世民即位后，选贤举能，知人善用，使唐朝政治清明，社会安定，史称"贞观之治"。

唐朝水路、陆路交通发达，各地商业贸易频繁，出现了一些繁华的大都市。例如：唐朝的都城长安是一座国际化大都市，其规模宏伟、城市布局严谨对称、商铺林立，非常繁荣，各国商人、使者、学子等纷纷慕名而来。

国宝中的中国文化

注视着镶金兽首玛瑙杯，不自觉地想起了唐朝时期的经典诗句："葡萄美酒夜光杯，欲饮琵琶马上催。"王翰的诗歌描绘了浓郁的边塞特色，而这个酒杯的渊源也与西域的贡品有关。《旧唐书》中记载的西域的珍奇宝物，包括夜光璧、明月珠、玛瑙等。玛瑙贡品大多来源于波斯、东罗马帝国等国家。而这个镶金兽首的玛瑙酒杯的异域风格和造型，非常类似于西方一种叫作"来通"的祭祀酒器。这一切都表明它并不是传统的中国器物。

这种造型的酒具在中亚、西亚，特别是萨珊波斯（今伊朗）十分常见，在中亚等地的壁画中也有出现。这种酒具常出现在胡人（我国古代对北方游牧民族和西域各民族的称呼）的宴饮场面中，唐朝贵族以追求新奇为时尚，而这件器物的出土也是唐朝贵族崇尚胡风、模仿新奇的宴饮方式的见证。

五代时期精美的"魔壶"

青瓷提梁倒灌壶

名称	青瓷提梁倒灌壶
朝代	五代
尺寸	高 18.3 厘米，腹径 14.3 厘米 足径 8.7 厘米
材质	瓷
收藏地	陕西历史博物馆
功能	酒器

国宝解密

　　青瓷提梁倒灌壶是五代时期的一件酒具，1968年出土于陕西省彬县。

　　通体来看，壶盖与壶盖连为一体。提梁处雕刻着一只俯卧翘首的凤凰，展翅欲飞；壶嘴处雕刻着一只正在哺乳的母狮和幼狮，造型生动自然；壶身为圆球状，腹部雕刻出缠枝牡丹的花纹，壶底装饰了一圈仰莲瓣。

　　最奇特的是它底部中心有五瓣梅花孔，灌水时要将壶倒置，水从母狮口外流时始盛满，然后将壶放正，因壶内有漏注与水相隔，底虽有梅花孔，却滴水不漏。

一起走近古代科技

青瓷提梁倒灌壶采用刻花工艺，花纹繁丽但不杂乱，精美但不过分雕琢，有一种简洁明快的立体美感。该壶盖、梁、身连为一体，仿佛浑然天成。该壶还运用了"连通容器内液面等高"的物理原理。从一件小小的青瓷提梁倒灌壶上，我们可看出古代匠人的匠心，古人的智慧着实令人叹服。

出水管

壶内设有一个出水管，连接壶嘴，到水时壶内的水从此口流出。

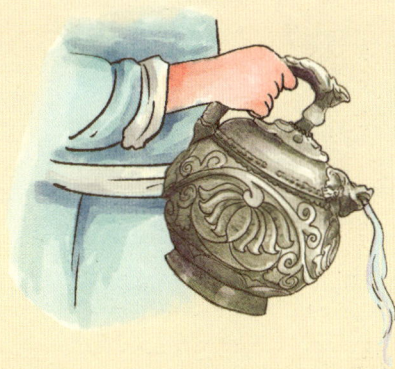

注水管

壶底梅花形小孔与注水管相连，注水时将水壶倒转过来，将水从注水孔中沿着注水管倒入壶内。

注水高度

注水时应注意，壶中水的高度不超过出水管的高度，这样水就不会从壶嘴流出。当壶身翻正后，壶中水的高度也不会超过注水管的高度，因此水不会从壶底的小孔漏到外面。

青瓷提梁倒灌壶是倒流壶的一种，这种壶构造奇特，内部设计巧妙，在唐宋时期十分流行。除这件被称为千年"魔壶"的青瓷提梁倒灌壶外，还有唐朝白釉倒装瓷壶、金白釉黑花葫芦形倒装壶、宋·官窑凤首倒流壶等。

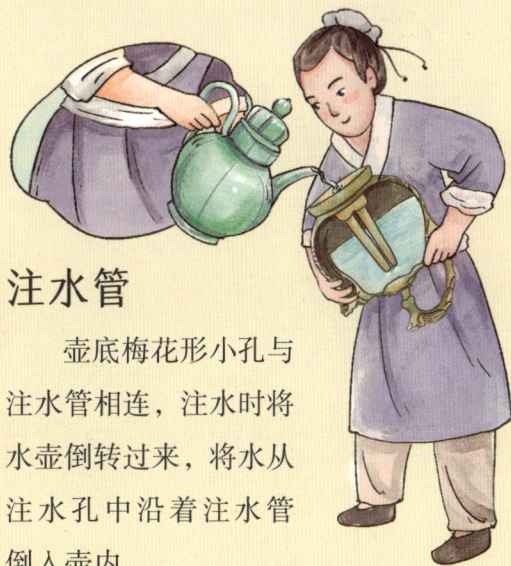

"五代十国"是中国历史上的一段大分裂时期。这一时期政权割据，战乱不断。

人口迁移给南方带来了大量的劳动力和先进的技术，促进了南方经济的发展。

五代时期北方战争连绵，南方政局相对安定，导致北方人口向南方转移。

国宝中的历史

五代是唐朝灭亡后政权分立、战事频繁的一个时期，动荡不安的局面使经济、文化等受到了很大的影响。期间，也有不少君王为了发展经济、提高生产力，采取了一些积极的措施，使手工业得以发展。

陶瓷器生产作为手工业的一种，在五代时期得到了蜕变——由民间制窑走向官方制窑。由民间创办的窑称为民窑，官窑则是由官方创设的。官窑所生产的瓷器专门供应皇室和官员使用。当时，官窑有后唐、后周的御窑，吴越国的秘色窑，以及前蜀、后蜀的官窑。其中，吴越国的瓷窑烧制技术优良，十分有名。民窑中最出名的要数位于河北的定窑，后来一度发展成为中国北方白瓷的中心。五代的制窑技术也远传国外，如高丽就是在后梁时期学会的中国制瓷技术，并设立了窑厂。此后，中国制瓷技术又陆续传到了日本及西方各国。

五代时期对外贸易也很兴旺，东自高丽、新罗、日本，西至大食，南及占城、三佛齐，都有商业往来。

国宝中的中国文化

青瓷提梁倒灌壶用"凤凰"做提梁，以"狮口"做壶嘴，壶身缠绕有富贵牡丹，让人联想到鸟中之王凤凰、兽中之王狮子和花中之王牡丹，集"三王"的灵气、霸气、美艳于一身。

在中国传统文化中，凤凰作为神鸟，象征着吉祥和不朽，被视为鸟类中的至尊；狮子则因为它的勇猛和权威而被尊称为"兽中之王"；牡丹则因为它的气质高雅、外貌美丽而被誉为"花中之王"。

这三种图案都是中国传统文化中蕴含深厚意义的重要元素。将凤凰、狮子和牡丹三种图案集于一身，可以表现出华丽、尊贵、高雅和吉祥的意义，还可以呈现出华美而又富有力量感的视觉效果。

43

图书在版编目（CIP）数据

陪孩子一起看国宝.4，陕西历史博物馆 / 徐丽平，
王奕鑫主编. -- 延吉：延边大学出版社，2023.8
　　ISBN 978-7-230-05430-0

　Ⅰ.①陪… Ⅱ.①徐… ②王… Ⅲ.①历史博物馆—
历史文物—陕西—儿童读物 Ⅳ.① K87-49

中国国家版本馆 CIP 数据核字（2023）第 168655 号

陪孩子一起看国宝 4·陕西历史博物馆

主　　编：徐丽平　王奕鑫
责任编辑：刘　浩
封面设计：玥婷设计
出版发行：延边大学出版社
社　　址：吉林省延吉市公园路 977 号　　邮　　编：133002
网　　址：http://www.ydcbs.com　　E-mail：ydcbs@ydcbs.com
电　　话：0433-2732435　　传　　真：0433-2732434
印　　刷：三河市天润建兴印务有限公司
开　　本：787 毫米 × 1092 毫米　1/12
印　　张：4
字　　数：60 千字
版　　次：2023 年 8 月第 1 版
印　　刷：2023 年 10 月第 1 次印刷
书　　号：ISBN 978-7-230-05430-0

定　　价：198.00 元（全四册）